ŒUVRES COMPLÈTES

DE

SIR WALTER SCOTT.

Traduction Nouvelle.

PARIS,

CHARLES GOSSELIN ET A. SAUTELET ET C°

LIBRAIRES-ÉDITEURS.

M DCCC XXVI.

ŒUVRES COMPLÈTES

DE

SIR WALTER SCOTT.

TOME VINGT-UNIÈME.

IMPRIMERIE DE H. FOURNIER,
RUE DE SEINE, N° 14.

ROB-ROY.

(𝔑ob-𝔑oy.)

TOME SECOND.

———

> « Du bon vieux temps la simple loi
> » Règne seule alors sur la terre.
> » Au faible déclarant la guerre,
> » Le plus fort dit : Si tu peux, défends-toi »
> Wordsworth. *Le Tombeau de Rob-Roy.*

ROB-ROY.

(Rob-Roy.

CHAPITRE XIV.

« Ce n'est point un prestige ! Une vive lumière
De sa fenêtre éclaire les vitraux.
À minuit ! Dans ces lieux ! Quel est donc ce mystère ?... »

Ancienne ballade.

La vie que nous menions à Osbaldistone-Hall était trop uniforme pour mériter d'être décrite. Diana Vernon et moi nous consacrions la plus grande partie de notre temps à l'étude ; le reste de la famille passait toute la journée à la chasse, et quelquefois nous allions les rejoindre. Mon oncle faisait tout par habitude, et par habitude aussi il s'accoutuma si bien à ma présence et à mon genre de vie, qu'après tout je crois qu'il m'aimait tel que j'étais. J'aurais pu sans doute acquérir plus facilement ses bonnes graces, si j'avais employé pour cela les mêmes artifices que Rashleigh, qui, se prévalant de l'aversion de son père pour les affaires, s'était insinué insensiblement dans l'administration de ses biens. Mais quoique je prêtasse volontiers à mon oncle les secours de ma plume et de mes connaissances en arithmétique toutes les fois qu'il désirait écrire une lettre à un voisin, ou régler un compte avec un fermier, cependant je ne voulais point, par délicatesse, me charger entièrement du maniement de ses affaires, de sorte que le bon chevalier, tout en convenant que le neveu Frank était un garçon habile et zélé, ne manquait jamais de remarquer en même temps qu'il n'aurait pas cru que Rashleigh lui fût aussi nécessaire.

Comme il est très-désagréable de demeurer dans une famille, et d'être mal avec les membres qui la composent, je fis quelques efforts pour gagner l'amitié de mes cousins. Je changeai mon chapeau à ganse d'or pour une casquette de chasse, on m'en sut gré. Je domptai un jeune cheval avec une assurance qui me fit faire un grand pas dans les bonnes graces de la famille. Deux ou trois paris perdus à propos contre Dick, et une ou deux bouteilles vidées avec Percy, me concilièrent enfin l'amitié de tous les jeunes Squires, à l'exception de Thorncliff.

J'ai déjà parlé de l'éloignement qu'avait pour moi ce jeune homme, qui, ayant un peu plus de bon sens que ses frères, avait aussi un plus mauvais caractère. Brusque, ombrageux et querelleur, il semblait mécontent de mon séjour à Osbaldistone-Hall, et voyait d'un œil envieux et jaloux mon intimité avec Diana Vernon, qui, par suite d'un certain pacte de famille, lui était destinée pour épouse. Dire qu'il l'aimait, ce serait profaner ce mot; mais il la regardait en quelque sorte comme sa propriété, et ne voulait pas, pour employer son style, qu'on vînt chasser sur ses terres. J'essayai plusieurs fois d'amener Thorncliff à une réconciliation; mais il repoussa mes avances d'une manière à peu près aussi gracieuse que celle d'un dogue qui gronde sourdement et semble prêt à mordre lorsqu'un étranger veut le caresser. Je l'abandonnai donc à sa mauvaise humeur, et ne me donnai plus la peine de chercher à l'apaiser.

Telle était ma situation à l'égard des différens membres de la famille; mais je dois parler aussi d'un autre habitant du château avec lequel je causais de temps en temps : c'était André Fairservice, le jardinier, qui, depuis qu'il avait découvert que j'étais protestant, ne me laissait jamais passer sans m'ouvrir amicalement sa tabatière écossaise. Il trouvait plusieurs avantages à me faire cette politesse; d'abord elle ne lui coûtait rien, car je ne prenais jamais de tabac; et ensuite c'était une excellente excuse pour André, qui aimait assez à interrompre de temps en temps son travail pour se reposer pendant quelques minutes sur sa bêche, mais surtout pour trouver, dans les courtes pauses que je faisais près de lui, une occasion de débiter les nouvelles qu'il avait apprises, ou les remarques satiriques que son humeur caustique lui suggérait.

— Je vous dirai donc, monsieur, me répéta-t-il un soir avec l'air d'importance qu'il ne manquait jamais de prendre lorsqu'il avait quelque grande nouvelle à m'annoncer; je vous dirai donc que j'ai été ce matin à Trinlay-Knowe.

— Eh bien, André, vous avez sans doute appris quelque nouvelle au cabaret?

— Je ne vais jamais au cabaret, Dieu m'en préserve...! c'est-à-dire, à moins qu'un voisin ne me régale; car pour y aller et mettre soi-même la main à la poche, la vie est trop dure, et l'argent trop difficile à gagner..... Mais j'étais allé, comme je disais, à Trinlay-Knowe pour une petite affaire que j'ai avec la vieille Marthe Simpson qui a besoin d'un quart de boisseau de poires; et il en restera encore plus qu'ils n'en mangeront au château. Pendant que nous étions à conclure notre petit marché, voilà que Patrick Macready, le *marchand voyageur*, vint à entrer.

— Le colporteur, voulez-vous dire?

— Oh! tout comme il plaira à Votre Honneur de l'appeler; mais c'est un métier honorable et lucratif...... Patrick est tant soit peu mon cousin, et nous avons été charmés de la rencontre.

— Et vous avez vidé ensemble un pot d'ale, sans doute, André?..... Car, au nom du ciel, abrégez votre histoire.

— Attendez donc, attendez donc! Vous autres du midi vous êtes toujours si pressés! Donnez-moi le temps de respirer; c'est quelque chose qui vous concerne, et vous devez prendre patience..... Un pot de bière! du diable si Patrick offrit de m'en payer un; mais la vieille Simpson nous donna à chacun une jatte de lait et une de ses galettes si dures. Ah! vive les bonnes galettes d'Écosse. Nous étant assis, nous nous mîmes à causer de chose et d'autre.

— De grace, soyez bref, André. Dites-moi vite les

nouvelles, si vous en avez à m'apprendre; je ne puis pas rester ici toute la nuit.

— Eh bien donc, les gens de Londres sont tous *clean wud* au sujet de ce petit tour qu'on a joué ici.

— Clean wood (*bois clair*) qu'est-ce cela (1)?

— Oh! c'est-à-dire qu'ils sont fous, — fous à lier, — sens dessus dessous, — le diable est sur Jack Wabster.

— Mais qu'est-ce que tout cela signifie? ou qu'ai-je à faire avec le diable et Jack Wabster.

— Hum! dit André d'un air fort mystérieux, au sujet de cette valise.....

— Quelle valise? expliquez-vous!

— La valise de Morris, qu'il dit avoir perdue là-bas? mais si ce n'est pas l'affaire de Votre Honneur, ce n'est pas non plus la mienne, et je ne veux pas perdre cette belle soirée.

Et, saisi tout à coup d'un violent accès d'activité, André se remit à bêcher de plus belle.

Ma curiosité, comme le fin matois l'avait prévu, était alors excitée; mais ne voulant pas lui laisser voir l'intérêt que je prenais à cette affaire, j'attendis que son bavardage le ramenât sur le sujet qu'il venait de quitter. André continua à travailler avec ardeur, parlant par intervalles, mais jamais au sujet des nouvelles de M. Macready, et je restais à l'écouter, le maudissant du fond du cœur, mais voulant voir en même temps jusqu'à

---

(1) Le traducteur laisse ici ces mots du texte pour faire sentir la difficulté de traduire ce patois d'Écosse, que le héros du roman est obligé lui-même de se faire expliquer. Francis croit que ces mots *clean wud* signifient *bois clair*, et Fairservice veut dire que les gens de Londres ont perdu la tête. Le reste du dialogue n'est pas moins difficile pour les Anglais eux-mêmes. — Éd.

quel point son esprit de contradiction l'emporterait sur la démangeaison qu'il avait de me raconter la fin de son histoire.

— Je vais planter des asperges, et semer ensuite des haricots. Il faut bien qu'ils aient quelque chose au château pour leurs estomacs de pourceaux ; grand bien leur fasse. — Et quel fumier l'intendant m'a remis ! il faudrait qu'il y eût au moins de la paille d'avoine, et ce sont des cosses de pois sèches ; mais chacun fait ici à sa tête, et le chasseur entre autres vend, je crois bien, la meilleure litière de l'écurie : cependant il faut profiter de ce samedi soir ; car, s'il y a un beau jour sur sept, vous êtes sûr que c'est le dimanche. — Néanmoins ce beau temps peut durer jusqu'à lundi matin, — et à quoi bon m'épuiser ainsi de fatigue : allons nous-en, car voilà leur couvre-feu, comme ils appellent leur cloche.

André enfonça sa bêche dans la terre ; et, me regardant avec l'air de supériorité d'un homme qui sait une nouvelle importante qu'il peut taire ou communiquer à son gré, il rabattit les manches de sa chemise, et alla chercher sa veste qu'il avait soigneusement pliée sur une couche voisine.

— Il faut bien que je me résigne, pensai-je en moi-même, et que je me décide à entendre l'histoire de M. Fairservice, de la manière qu'il lui plaira de me la raconter. Hé bien, André, lui dis-je, quelles sont donc ces nouvelles que vous avez apprises de votre cousin le marchand ambulant ?

— Oh ! colporteur, voulez-vous dire, reprit André d'un air de malice, mais appelez-les comme vous voudrez, ils sont d'une grande utilité dans un pays où les villes sont aussi rares que dans ce Northumberland. Il n'en est pas de même de l'Écosse; aujourd'hui, il y a le royaume de Fife, par exemple. Eh bien, d'un bout à l'autre, à droite, à gauche, on ne voit que de gros bourgs qui se touchent l'un l'autre, et se tiennent en rang d'ognons, de sorte que tout le comté semble ne faire qu'une seule cité. Kirkcaldy, par exemple, la capitale, est plus grande qu'aucune ville d'Angleterre (1)?

— Oh! je n'en doute pas. Mais vous parliez tout à l'heure de nouvelles de Londres, André?

— Oui, reprit André; mais je croyais que Votre Honneur ne se souciait pas de les apprendre. Patrick Macready dit donc, ajouta-t-il en faisant une grimace qu'il prenait sans doute pour un sourire malin, qu'il y a eu du tapage à Londres dans leur *Parliament House* (2), au sujet du vol fait à ce Morris, si c'est bien son nom.

— Dans le parlement, André? Et à quel propos?

— C'est justement ce que je demandais à Patrick. Pour ne rien cacher à Votre Honneur, Patrick, lui disais-je, que diable avaient-ils donc à démêler avec cette valise? Quand nous avions un parlement en Écosse (la peste étouffe ceux qui nous l'ont ôté), il faisait des lois pour le pays, et ne venait jamais mettre son nez dans les affaires qui regardaient les tribunaux ordinaires; mais je crois, Dieu me préserve! qu'une femme renverserait la marmite de sa voisine, qu'ils voudraient la faire comparaître devant leur parlement de Londres. C'est, ai-je dit, être tout aussi sot que notre vieux fou de laird ici et ses imbéciles de fils avec leurs chiens, leurs che-

(1) Fairservice aime à exagérer l'importance de son pays. — Éd.
(2) Édifice où se tenaient les séances du parlement d'Écosse.
Éd.

vaux, leurs cors, et courant tout un jour après une bête qui ne pèse pas six livres quand ils l'ont attrapée.

— Admirablement raisonné, André, repris-je pour l'amener à une explication plus étendue; et que disait Patrick?

— Oh! m'a-t-il dit, que peut-on attendre de mieux de ces brouillons d'Anglais? — Mais, quant au vol, il paraît que pendant qu'ils se chamaillaient entre Whigs et Torys, et se disaient de gros mots, comme des manans, voilà qu'il se lève un homme à longues paroles qui dit qu'au nord de l'Angleterre il n'y a que des jacobites (et il ne se trompait guère); qu'ils étaient presque en guerre ouverte; qu'un messager du roi avait été arrêté sur la grande route; que les premières familles du Northumberland y avaient prêté les mains; et que..... est-ce que je sais, moi? qu'on lui avait pris beaucoup d'argent, et puis des papiers importans, et puis bien d'autres choses; et que, quand le messager avait voulu aller se plaindre chez le juge de paix de l'endroit, il avait trouvé ses deux voleurs attablés avec lui, mon Dieu! ni plus ni moins que compères et compagnons, et qu'à force de manigances et de menaces ils l'avaient forcé à se rétracter, et enfin qu'au bout du compte l'honnête homme qui avait été volé s'était empressé de quitter le pays, dans la crainte qu'il ne lui arrivât pire.

— Tout cela est-il bien vrai, André?

— Patrick jure que c'est aussi vrai qu'il est vrai que sa mesure a une aune de long, Dieu me préserve! Mais, pour en revenir à notre affaire, quand le parleur eut fini sa harangue, on demanda à grands cris les noms de l'homme volé, des voleurs et du juge, et il nomma

Morris, et votre oncle, et M. Inglewood, et d'autres personnes encore, ajouta André en me regardant malignement. Et puis après, un autre dragon se leva et demanda comme ça si l'on devait mettre en accusation les seigneurs les plus huppés du royaume, sur la déposition d'un poltron qui avait été cassé à la tête de son régiment pour s'être enfui au milieu d'une bataille et avoir passé en Flandre ; et il dit qu'il était probable que toute cette histoire avait été concertée entre le ministre et lui, avant tant seulement qu'il eût quitté Londres. Alors ils firent venir Morris à la...., la barre je crois qu'ils disent, et ils voulurent le faire parler ; mais bah ! il avait tant de peur qu'on ne revînt sur l'affaire de sa désertion, que Patrick dit qu'il avait l'air d'un déterré plutôt que d'un vivant ; et il fut impossible d'en tirer deux mots de suite, tant il avait été effrayé de tous leurs clabaudages ! Il faut que sa tête ne vaille guère mieux qu'un navet gelé, car du diable, Dieu me préserve ! si tout ça eût empêché André Fairservice de dire ce qu'il avait sur le cœur !

— Et comment cette affaire finit-elle, André ? Votre ami l'a-t-il su ?

— S'il l'a su ! Il a différé son voyage d'une semaine, afin de pouvoir apporter les nouvelles à ses pratiques. Le gaillard qui avait parlé le premier commença à déchanter un peu, et dit que, quoiqu'il crût que l'homme avait été volé, il convenait pourtant qu'il avait pu se tromper sur les particularités du vol. Le gaillard du parti contraire riposta qu'il lui importait peu que Morris eût été volé ou volaille (1), pourvu qu'on n'attaquât pas

---

(1) Il y a dans le texte un calembourg intraduisible sur *robbed* et

l'honneur des principaux gentilshommes du Northumberland. Et voilà ce qu'ils appellent s'expliquer. L'un cède un brin, l'autre une miette, et les revoilà tous amis. Vous croyez peut-être que c'est fini à présent? Eh bien, pas du tout. Est-ce que la chambre des lords, après la chambre des communes, n'a pas voulu s'en mêler aussi? Dans notre pauvre parlement d'Écosse, les pairs, les représentans, tout cela siégeait ensemble, et il n'y avait pas besoin de baragouiner deux fois la même affaire. Mais tant il y a qu'à Londres ils recommencèrent tout dans l'autre chambre, comme si de rien n'était. Dans cette chambre-là, il y en eut un qui s'avisa de dire qu'il y avait un Campbell qui était impliqué dans le vol, et qui avait montré pour sa justification un certificat signé du duc d'Argyle. Quand le duc entendit ça, vous sentez bien qu'il prit feu dans sa barbe. Il dit que tous les Campbell étaient de braves et honnêtes gens, comme le vieux sir John Grœme. Or, maintenant, si Votre Honneur n'est pas parent du tout avec les Campbell pas plus que moi, autant que je puis connaître ma race, je lui dirai ce que j'en pense.

— Vous pouvez être sûr que je n'ai aucun lien de parenté avec les Campbell.

— Oh! alors, nous pouvons en parler tranquillement entre nous. Il y a du bien et du mal sur ce nom de Campbell comme sur tous les noms. Mais ce Mac-Callum-More a du crédit et souffle le froid et le chaud, n'appartenant à aucun parti; de sorte que personne ne se soucie là-bas à Londres de se quereller avec lui. On traita donc de calomnie l'histoire de Morris, et s'il n'avait

rabbit, volé et lapin. C'est ici qu'on peut pardonner à la traduction quelques équivalens. — Éd.

pas pris ses jambes à son cou, il est probable qu'il eût été prendre l'air sur le pilori pour avoir fait une fausse déposition.

En disant ces mots, l'honnête André rassembla ses bêches, ses râteaux, et ses autres instrumens de jardinage, et les jeta dans une brouette qu'il se disposa à traîner du côté de la serre, mais assez lentement pour me laisser le temps de lui faire toutes les questions que je pouvais désirer. Voyant que j'avais affaire à un malin drôle, je crus qu'il fallait bannir tout mystère avec lui, et lui dire la chose telle qu'elle était, de peur que ma réserve ne lui inspirât des soupçons et ne fût pour moi la source de nouveaux désagrémens.

— J'aimerais à voir votre compatriote, André. Vous avez sans doute entendu dire que j'avais été compromis par l'impertinente folie de ce Morris (André me répondit par une grimace très-significative), et je désirerais voir, s'il était possible, votre cousin le marchand pour lui demander des détails encore plus circonstanciés de ce qu'il a appris à Londres.

— Oh! rien de plus aisé, reprit André; je n'ai qu'à faire entendre à mon cousin que vous avez besoin d'une ou deux paires de bas, et il sera ici en moins de rien.

— Oh! oui, assurez-le que je serai une bonne pratique; et, comme vous disiez, la nuit est calme et belle, je me promènerai dans le jardin jusqu'à ce qu'il vienne. La lune va bientôt se lever. Vous pouvez l'amener à la petite porte de derrière, et, en attendant, j'aurai le plaisir de contempler les arbres et les gazons au clair de la lune.

— Très-vrai, très-vrai. — C'est ce que j'ai souvent

dit; un chou-fleur est si brillant au clair de la lune, qu'il ressemble à une dame parée de diamans.

A ces mots, André Fairservice partit tout joyeux. Il avait plus d'un mille à faire, et il entreprit cette course avec le plus grand plaisir, pour procurer à son cousin la vente de quelques-uns des articles de son commerce, quoiqu'il soit probable qu'il n'eût pas donné six pence pour le régaler d'un pot de bière. — La bonne volonté d'un Anglais se serait manifestée de la manière opposée, pensai-je en moi-même en parcourant les longs sentiers bordés d'ifs et de houx qui coupaient l'antique jardin d'Osbaldistone-Hall.

Lorsque je fus au bout de l'allée qui conduisait au château, j'aperçus de la lumière dans la bibliothèque, dont les fenêtres donnaient sur le jardin. Je n'en fus pas surpris, car je savais que miss Vernon s'y rendait souvent le soir, quoique par délicatesse je m'imposasse la contrainte de ne jamais aller l'y rejoindre. Dans un moment où le reste de la famille était livré à ses orgies ordinaires, nos entrevues auraient été réellement des tête-à-tête. Le matin c'était différent. Il entrait souvent dans la bibliothèque des domestiques qui venaient ou chercher quelques livres pour bourrer les fusils des jeunes Squires, ou apporter à Diana quelque message de la part de sir Hildebrand. En un mot, jusqu'au diner la bibliothèque était une espèce de terrain neutre, qui, quoique peu fréquenté, pouvait cependant être regardé comme un point de réunion générale. Il n'en était pas de même dans la soirée; et, élevé dans un pays où l'on a beaucoup d'égards pour les bien-séances, je désirais les observer d'autant plus stricte-ment que miss Vernon y faisait moins d'attention. Je lui fis donc comprendre, avec tous les ménagemens possibles, que, lorsque nous lisions ensemble le soir, la présence d'un tiers serait convenable.

Miss Vernon commença par rire, puis rougit, et elle était prête à se fâcher; mais, changeant tout à coup d'idée : — Je crois que vous avez raison, me dit-elle, et quand je serai dans mes jours de grande ardeur pour le travail, j'engagerai la vieille Marthe à venir prendre ici une tasse de thé avec moi, pour me servir de paravent.

Marthe, la vieille femme de charge, avait le même goût que toute la famille. Elle préférait un bon verre de vin à tout le thé de la Chine. Cependant, comme il n'y avait alors que les personnes comme il faut qui prissent du thé, cette invitation flattait la vanité de Marthe, et elle nous tenait quelquefois compagnie. Du reste, tous les domestiques évitaient d'approcher de la bibliothèque après le coucher du soleil, parce que deux ou trois des plus poltrons disaient avoir entendu du bruit dans cette partie de la maison lorsque tout le monde était couché, et les jeunes Squires eux-mêmes étaient loin de désirer d'entrer le soir dans cette redoutable enceinte.

L'idée que la bibliothèque avait été pendant long-temps l'endroit où Rashleigh se tenait de préférence, et qu'une porte secrète communiquait de cette chambre dans l'appartement isolé qu'il avait choisi pour lui-même, augmentait les terreurs, bien loin de les diminuer. Les relations étendues qu'il avait dans le monde, son instruction, ses connaissances, qui embrassaient toute espèce de sciences; quelques expériences de physique qu'il avait faites pour s'amuser, étaient pour des esprits de cette trempe des raisons suffisantes pour le croire en rapport avec les esprits. Il savait le grec, le latin et l'hébreu, et en conséquence, comme l'exprimait dans sa frayeur le cousin Wilfred, il ne pouvait pas avoir peur des esprits, des fantômes ou du diable. Les domestiques soutenaient qu'ils l'avaient entendu parler haut dans la bibliothèque lorsque tout le monde était couché dans le château; qu'il passait la nuit à veiller avec des revenans, et le matin à dormir, au lieu d'aller conduire la meute comme un vrai Osbaldistone.

Tous ces bruits absurdes m'avaient été répétés en confidence, et l'air de bonhomie et de crédulité du narrateur m'avait souvent beaucoup diverti. Je méprisais souverainement ces contes ridicules; mais l'extrême solitude à laquelle cette chambre redoutée était condamnée tous les soirs après le couvre-feu était pour moi une raison de ne pas m'y rendre, lorsqu'il plaisait à miss Vernon de s'y retirer.

Pour résumer ce que je disais, je ne fus pas surpris de voir de la lumière dans la bibliothèque; mais je ne pus m'empêcher d'être étonné de voir l'ombre de deux personnes qui passaient entre la lumière et la première fenêtre. Je crus m'être trompé, et avoir pris l'ombre de Diana pour une seconde personne. Mais non, les voilà qui passent devant la seconde croisée; ce sont bien deux personnes distinctes. Elles disparaissent encore, et voilà que leur ombre se dessine encore sur la troisième fenêtre, puis sur la quatrième. Qui peut être à cette heure avec Diana? Les deux ombres repassèrent successivement devant chaque croisée, comme pour me convaincre que je ne me trompais pas; après quoi les lumières furent éteintes, et tout rentra dans l'obscurité.

Quelque futile que fût cette circonstance, je restai longtemps sans pouvoir la bannir de mon esprit. Je ne me permettais pas même de supposer que mon amitié pour miss Vernon allât jusqu'à la jalousie. Cependant je ne puis exprimer le déplaisir que j'éprouvai en songeant qu'elle accordait à quelqu'un des entretiens particuliers, à une heure et dans un lieu où j'avais eu la délicatesse de lui dire qu'il n'était pas convenable qu'elle me reçût.

— Imprudente et incorrigible Diana, disais-je en moi-même, folle qui as fermé l'oreille à tous les bons avis ! J'ai été trompé par la simplicité de ses manières ; et je suis sûr qu'elle prend ces formes de franchise, comme elle mettrait un bonnet de paille si c'était la mode, pour faire parler d'elle. Je crois vraiment que malgré son excellent jugement la société de cinq à six rustauds pour jouer au wisk lui ferait un plus sensible plaisir qu'Arioste lui-même s'il revenait au monde.

Ce qui ajoutait encore à l'amertume de ces réflexions, c'est que, m'étant décidé à montrer à Diana la traduction en vers des premiers chants de l'Arioste, je l'avais priée d'inviter Marthe à venir ce soir-là prendre le thé avec elle, et que miss Vernon m'avait demandé de remettre cette partie à un autre jour, alléguant quelque excuse qui m'avait semblé assez frivole. Je cherchais à expliquer ces différentes circonstances, lorsque j'entendis ouvrir la petite porte de derrière du jardin. C'était André qui rentrait : son compatriote, pliant sous le poids de sa balle, marchait derrière lui.

Je trouvai dans Macready un Écossais malin et intelligent, grand marchand de nouvelles tant par inclination que par état. Il me fit le récit exact de ce qui s'était passé dans la chambre des communes et dans celle des pairs relativement à l'affaire de Morris, dont on s'était servi comme d'une pierre de touche pour connaître l'esprit du parlement. Il m'apprit, comme André me l'avait fait entendre, que le ministère, ayant eu le dessous, avait été obligé de renoncer au projet d'appuyer un rapport qui compromettait des personnes de distinction, et qui n'était fait que par un individu sans aucun droit à la confiance, et qui d'ailleurs se contredisait à chaque instant dans la manière de raconter son histoire. Macready me fournit même un exemplaire d'un journal imprimé qui contenait la substance des débats; et il me remit aussi une copie du discours du duc d'Argyle, en ayant apporté plusieurs pour les vendre à ses partisans en Écosse. Le journal ne m'apprit rien de nouveau, et ne servit qu'à me confirmer ce que m'avait dit l'Écossais; le discours du duc, quoique éloquent et énergique, contenait principalement l'éloge de sa famille et de son clan, avec quelques complimens non moins sincères, quoique plus modérés, qu'il prit occasion de s'adresser à lui-même. Je ne pus savoir si ma réputation avait été directement compromise, quoique je comprisse bien que l'honneur de la famille de mon oncle l'était fortement; car Morris avait déclaré en plein parlement que Campbell était l'un des deux voleurs, et qu'il avait eu l'impudence d'aller déposer lui-même en faveur d'un M. Osbaldistone, qui était son complice et dont, de connivence avec le juge, il avait procuré l'élargissement en forçant l'accusateur à se désister de ses poursuites. Cette partie de l'histoire de Morris s'accordait avec mes propres soupçons, qui s'étaient portés sur Campbell depuis l'instant où je l'avais vu paraître chez le juge Inglewood. Tourmenté à l'excès du tour qu'avait pris cette surprenante affaire, je renvoyai les deux Écossais, après avoir acheté quelques bagatelles à Macready, et je me retirai dans ma chambre pour considérer ce que je devais faire pour défendre ma réputation aussi publiquement attaquée.

CHAPITRE XV.

« D'où viens-tu? Que fais-tu parmi nous? »
MILTON.

Après avoir passé la nuit à méditer sur la nouvelle que j'avais reçue, je crus d'abord devoir retourner à Londres en toute diligence, et repousser la calomnie par ma présence; mais je réfléchis ensuite que je ne ferais peut-être qu'ajouter au ressentiment de mon père, qui était absolu dans ses décisions sur tout ce qui concernait sa famille. Son expérience le mettait en état de me tracer la conduite que je devais tenir, et ses relations avec les Whigs les plus puissants lui donnaient la facilité de me faire rendre justice. Toutes ces raisons me décidèrent à écrire à mon père les différentes circonstances de mon histoire; et quoiqu'il y eût près de dix milles jusqu'à la poste la plus voisine, je résolus d'y porter moi-même ma lettre, pour être sûr qu'elle ne serait pas égarée.

Il me semblait extraordinaire que, quoiqu'il se fût déjà écoulé plusieurs mois depuis mon départ de Londres, et que Rashleigh eût déjà écrit à sir Hildebrand pour lui apprendre son heureuse arrivée, et la réception amicale que son oncle lui avait faite, je n'eusse encore reçu aucune lettre ni d'Owen ni de mon père. Tout en admettant que ma conduite avait pu être blâmable, il me semblait que je ne méritais pas d'être aussi complètement oublié. A la fin de la lettre que j'écrivis à mon père relativement à l'affaire de Morris, je ne manquai pas de témoigner le plus vif désir qu'il m'honorât de quelques lignes de réponse, ne fût-ce que pour me donner ses conseils dans une circonstance trop délicate pour que je me permisse de prendre un parti avant de connaître ses intentions. Ne me sentant pas le courage de solliciter mon rappel à Londres, je cachai sous le voile de la soumission aux volontés de mon père les véritables raisons qui me faisaient désirer de rester à Osbaldistone-Hall, et me bornai à demander la permission de venir passer quelques jours dans la capitale pour réfuter les infames calomnies qu'on avait fait circuler si publiquement contre moi. Après avoir terminé mon épître, dont la composition me coûta d'autant plus de peine que j'étais combattu entre le désir de rétablir ma réputation et le regret de quitter momentanément le lieu actuel de ma résidence, j'allai porter moi-même ma lettre à la poste, comme je me l'étais proposé. Je fus bien récompensé de la peine que j'avais prise; j'y trouvai une lettre à mon adresse, qui ne me serait parvenue que plus tard. Elle était de mon ami Owen, et contenait ce qui suit :

« Mon cher M. Francis,

« Je vous accuse réception de votre lettre du 10 courant, qui m'a été remise par M. Rashleigh Osbaldistone, et j'ai pris bonne note du contenu. J'aurai pour monsieur votre cousin toutes les attentions possibles ; et je l'ai déjà mené voir la Bourse et la Banque. Il paraît être sobre, rangé et studieux ; il sait fort bien l'arithmétique, et connaît la tenue des livres. J'aurais désiré qu'une autre personne que moi eût dirigé ses études vers cette partie ; mais la volonté de Dieu soit faite ! Comme l'argent peut être utile dans le pays où vous êtes, je prends la confiance de vous adresser ci-joint une lettre de change de cent livres sterling (1), à six jours de vue, sur MM. Hooper et Girder de Newcastle, qui y feront honneur. Je suis, mon cher M. Francis, avec le plus profond respect,

Votre très-humble et très-obéissant serviteur,

« Joseph Owen. »

« *Post-scriptum.* Veuillez m'accuser réception de la présente. Votre père dit qu'il se porte comme à l'ordinaire, mais il est bien changé. »

Après avoir lu ce billet, écrit avec la netteté qui distinguait le bon Owen, je fus surpris qu'il n'y fît aucune mention de la lettre particulière que je lui avais écrite dans la vue de lui faire connaître le véritable caractère de Rashleigh. J'avais envoyé ma lettre à la poste par un

(1) 2400 fr. — Éd.

domestique du château, et je n'avais aucune raison pour croire qu'elle ne fût point parvenue à son adresse. Cependant, comme elle contenait des renseignemens d'une grande importance, tant pour mon père que pour moi, j'écrivis de suite à Owen, et récapitulai tout ce que je lui avais écrit précédemment, en le priant de m'apprendre, par le retour du courrier, si ma lettre lui était parvenue. Je lui accusai réception de la lettre de change, et lui promis d'en faire usage si j'avais besoin d'argent. Il me semblait assez extraordinaire que mon père laissât à son commis le soin de fournir à mes dépenses, mais j'en conclus que c'était un arrangement fait entre eux. D'ailleurs, quoi qu'il en fût, Owen était garçon, il était à son aise, et avait toujours eu pour moi beaucoup d'attachement : aussi n'hésitai-je pas à accepter cette petite somme, que j'étais résolu de lui rendre sur les premiers fonds que je toucherais, en cas que mon père ne l'en eût pas déjà remboursé. Un marchand, à qui le maître de la poste m'adressa, me donna en or le montant de la lettre de change sur MM. Hooper et Girder, de sorte que je retournai à Osbaldistone-Hall beaucoup plus riche que je n'en étais parti. Ce surcroît de finances venait fort à propos, car l'argent que j'avais apporté de Londres commençait à diminuer sensiblement, et j'avais toujours de temps en temps quelques dépenses à faire qui n'eussent pas tardé à épuiser le fond de ma bourse.

A mon retour au château j'appris que sir Hildebrand était allé avec ses dignes rejetons à un petit hameau appelé Trinlay-Knowe, pour voir, comme me dit André, une douzaine de coqs se plumer mutuellement la tête.

— C'est un amusement bien barbare, André; vous n'en avez sans doute pas de semblables en Écosse?

— Non, non, Dieu me préserve! répondit André, à moins pourtant que ce ne soit la veille de quelque grande fête, mais, au bout du compte, ils peuvent faire tout ce qu'ils voudront à cette volaille, qui ne fait que gratter et que ratisser dans la cour, et vient, sans crier gare, abîmer toutes mes plates-blandes. Dieu merci! moins il y en aura, moins ce sera de peine pour les pauvres jardiniers; mais puisque vous voilà, dites-moi donc qui est-ce qui laisse toujours la porte de cette tour ouverte. Maintenant que M. Rashleigh est parti, ce ne peut pas être lui, j'espère.

La porte de la tour dont il parlait donnait sur le jardin, et conduisait à l'escalier tournant par lequel on montait à l'appartement de M. Rashleigh. Cet appartement, ainsi que je l'ai déjà dit, était comme isolé du reste du château, et communiquait à la bibliothèque par une porte secrète, et au reste de la maison par un passage long et obscur. Un sentier fort étroit, bordé d'une haie des deux côtés, conduisait de la porte de la tour à une petite porte de derrière du jardin. Au moyen de ces communications, Rashleigh, qui n'était presque jamais avec sa famille, pouvait entrer et sortir quand il le voulait, sans être obligé de passer par le château. Mais pendant son absence personne ne descendait jamais par cet escalier, et c'est ce qui rendait l'observation d'André remarquable.

— Avez-vous souvent vu cette porte ouverte? lui demandai-je.

— Souvent, oh mon Dieu! oui. C'est-à-dire souvent, si vous voulez, deux ou trois fois. A mon avis, il faut que ce soit ce prêtre, le Père Vaughan, comme ils l'appellent : car pour les domestiques, ce ne sera pas eux que vous attraperez sur cet escalier. Ah! bien oui, Dieu me préserve! ces païens ont trop peur et des revenans et des brownies, et de toute l'engeance de l'autre monde enfin. Le Père Vaughan se croit un être privilégié ; mais qui se met trop haut, on l'abaisse ; je parierais bien que le plus mauvais prêcheur de l'autre côté de la Tweed conjurerait un esprit deux fois plus vite que lui avec son eau bénite et ses cérémonies idolâtres. Tenez, à vous dire le vrai, je ne crois pas non plus qu'il parle latin, bon latin, s'entend ; car il a l'air de ne pas me comprendre quand je lui dis les noms savans des plantes.

Ce P. Vaughan partageait son temps et ses soins entre Osbaldistone-Hall et cinq ou six maisons catholiques des environs; je ne vous en ai encore rien dit, parce que j'avais eu peu d'occasions de le voir. C'était un homme d'environ soixante ans, de bonne famille, à ce que j'avais entendu dire, d'un extérieur grave et imposant, et jouissant de la plus grande considération parmi les catholiques du Northumberland, qui le regardaient comme un homme juste et intègre. Cependant le P. Vaughan n'était pas à l'abri de ces petites particularités qui distinguent son ordre. On voyait répandu sur toute sa personne un air de mystère qui, à des yeux protestans, dénonçait le métier de prêtre. Les *naturels* d'Osbaldistone-Hall (car c'est ainsi qu'on aurait dû appeler les habitans du château) avaient pour lui plus de respect que d'affection. Il était évident qu'il condamnait leurs orgies, car elles étaient interrompues en partie lorsque le prêtre passait quelque temps au château. Sir Hildebrand lui-même s'imposait une certaine contrainte dans ses discours et dans sa conduite; ce qui peut-être rendait la présence du P. Vaughan plus gênante qu'agréable.

Il avait cette adresse polie, insinuante et presque flatteuse, particulière au clergé de sa religion, surtout en Angleterre, où les laïcs catholiques, retenus par des lois pénales et par les restrictions de leur secte, et les recommandations de leurs pasteurs, montrent une grande réserve, souvent même une vraie timidité dans la société des protestans, pendant que les prêtres privilégiés par leur ministère, et pouvant fréquenter les personnes de toutes les croyances, sont ouverts, actifs, francs, et habiles dans l'art d'obtenir une popularité qu'ils recherchent avec ardeur.

Le P. Vaughan était une connaissance particulière de Rashleigh ; c'était à lui qu'il était principalement redevable de l'accueil qu'il recevait au château, ce qui ne me donnait nulle envie de cultiver sa connaissance ; et comme, de son côté, il ne paraissait pas fort jaloux de faire la mienne, les relations que nous avions ensemble se bornaient à un simple échange de civilités. Il me semblait assez naturel que M. Vaughan occupât la chambre de Rashleigh lorsqu'il couchait par hasard au château, parce que c'était la plus rapprochée de la bibliothèque, dans laquelle il devait sans doute se rendre pour jouir du plaisir de la lecture. Il était donc très-probable que c'était sa lumière qui avait fixé mon attention le soir précédent. Cette idée me conduisit involontairement à me rappeler qu'il paraissait régner entre miss Vernon et lui le même mystère qui caractérisait sa conduite avec Rashleigh. Je ne lui avais jamais entendu prononcer le nom de Vaughan, ni même en parler directement, à l'exception du premier jour où je l'avais rencontrée, et où elle m'avait dit que Rashleigh, le vieux prêtre et elle-même, étaient les seules personnes du château avec lesquelles il fût possible de converser. Cependant, quoiqu'elle ne m'eût point parlé depuis ce temps du P. Vaughan, je remarquai que, toutes les fois qu'il venait au château, miss Vernon semblait éprouver une espèce de terreur et d'anxiété qui durait jusqu'à ce qu'ils eussent échangé deux ou trois regards significatifs.

Quel que pût être le mystère qui couvrait les destinées de cette belle et intéressante personne, il était évident que le P. Vaughan le connaissait. Peut-être, me disais-je, c'est lui qui doit la faire entrer dans son couvent, en cas qu'elle se refuse à épouser un de mes cousins ; et alors l'émotion que lui cause sa présence s'explique naturellement.

Du reste, ils ne se parlaient pas souvent, et ne paraissaient même pas chercher à se trouver ensemble. Leur ligue, s'il en existait une entre eux, était tacite et conventionnelle; elle dirigeait leurs actions sans exiger le secours des paroles. Je me rappelais pourtant alors que j'avais remarqué une ou deux fois le P. Vaughan dire quelques mots à l'oreille de miss Vernon. J'avais supposé dans le temps qu'ils avaient rapport à la religion, sachant avec quelle adresse et quelle persévérance le clergé catholique cherche à conserver son influence sur l'esprit de ses sectateurs; mais à présent j'étais disposé à les croire relatifs à cet étonnant mystère que je m'efforçais inutilement d'approfondir. Avait-il des entrevues particulières avec miss Vernon dans la bibliothèque? et s'il en avait, quel en était le motif ? Et

3

pourquoi miss Vernon accordait-elle toute sa confiance à un ami du perfide Rashleigh?

Toutes ces questions et mille autres semblables s'accumulaient en foule dans mon esprit, et y excitaient un intérêt d'autant plus vif qu'il m'était impossible de les éclaircir. J'avais déjà commencé à soupçonner que l'amitié que je portais à miss Vernon n'était pas tout-à-fait aussi désintéressée que je l'avais cru dans le principe. Déjà je m'étais senti dévoré de jalousie en apprenant que j'avais un Thorncliff pour rival, et j'avais relevé avec plus de chaleur que je ne l'aurais dû, par égard pour miss Vernon, les insultes indirectes qu'il cherchait à me faire. A présent j'épiais la conduite de miss Vernon avec l'attention la plus scrupuleuse, attention que je voulais en vain attribuer à la simple curiosité. Malgré tous mes efforts et tous mes raisonnemens, ces indices n'annonçaient que trop bien l'amour, et, tandis que ma raison ne voulait pas convenir qu'elle m'eût laissé former un attachement aussi inconsidéré, elle ressemblait à ces guides ignorans qui, après avoir égaré les voyageurs dans un chemin qu'ils ne connaissent pas eux-mêmes, et dont ils ne savent plus comment sortir, persistent obstinément à soutenir qu'il est impossible qu'ils se soient trompés de route.

CHAPITRE XVI.

« Il arriva qu'un jour à midi, comme j'allais sur mon
» canot, je découvris très-distinctement sur le sable les
» marques d'un pied nu d'homme. »

De Foe. *Robinson Crusoé.*

Partagé entre la curiosité et la jalousie, je finis par observer si minutieusement les regards et les actions de miss Vernon, qu'elle ne tarda pas à s'en apercevoir, malgré tous mes efforts pour le cacher. La certitude que j'épiais à chaque instant sa conduite semblait l'embarrasser, lui faire de la peine, et la contrarier tout à la fois. Tantôt on eût dit qu'elle cherchait l'occasion de me témoigner son mécontentement d'une conduite qui ne pouvait manquer de lui paraître offensante, après qu'elle avait eu la franchise de m'avouer la position critique dans laquelle elle se trouvait; tantôt elle semblait prête à descendre aux prières; mais, ou le courage lui manquait, ou quelque autre raison l'empêchait d'en venir à une explication. Son déplaisir ne se manifestait que par des reparties, et ses prières expiraient sur ses lèvres. Nous nous trouvions tous deux dans une position relative assez singulière, étant par goût presque toujours ensemble, et nous cachant mutuellement les sentimens qui nous agitaient, moi ma jalousie, elle son mécontentement. Il régnait entre nous de l'intimité sans confiance ; d'un côté, de l'amour sans espoir et sans but, et de la curiosité sans un motif raisonnable ; de l'autre, de l'embarras, du doute, et parfois du déplaisir. Mais telle est la nature du cœur humain, que je crois que cette agitation de passions, entretenue par une foule de petites circonstances qui nous forçaient, pour ainsi dire, à penser mutuellement l'un à l'autre, contribuait encore à augmenter l'attachement que nous nous portions. Mais, quoique ma vanité n'eût pas tardé à découvrir que mon séjour à Osbaldistone-Hall avait donné à Diana quelques raisons de plus pour détester le cloître, je ne pouvais point compter sur une affection qui semblait entièrement subordonnée aux mystères de sa singulière position. Miss Vernon était d'un caractère trop résolu, pour permettre à l'amour de l'emporter sur son devoir ; elle m'en donna la preuve dans une conversation que nous eûmes ensemble à peu près à cette époque.

Nous étions dans la bibliothèque dont je vous ai souvent parlé. Miss Vernon, en parcourant un exemplaire de Roland le Furieux, fit tomber une feuille de papier écrite à la main. Je voulus la ramasser, mais elle me prévint.

— Ce sont des vers, me dit-elle en jetant un coup

d'œil sur le papier; puis-je prendre la liberté.....? Oh! si vous rougissez, si vous bégayez, je dois faire violence à votre modestie, et supposer que la permission est accordée.

— C'est un premier jet, un commencement de traduction, une ébauche qui ne mérite pas de vous occuper un seul instant; j'aurais à craindre un arrêt trop sévère, si j'avais pour juge une personne qui entend aussi bien l'original, et qui en sent aussi bien les beautés.

— Mon cher poète, reprit Diana, si vous voulez m'en croire, gardez vos éloges et votre humilité pour une meilleure occasion; car je puis vous certifier que tout cela ne vous vaudra pas un seul compliment. Je suis, comme vous savez, de la famille impopulaire des Francs-Parleurs, et je ne flatterais pas Apollon pour sa lyre.

Elle lut la première stance, qui était à peu près conçue en ces termes :

>Je chante la beauté, les chevaliers, les armes,
>Les belliqueux exploits, l'amour et ses doux charmes.
>Je célèbre le siècle où des bords africains
>Sous leur prince Agramant, guidés par la vengeance,
>Les Maures, accourus dans les champs de la France,
>Vinrent de nos chrétiens balancer les destins.

>Je veux chanter aussi Charlemagne, empereur,
>La mort du vieux Trajan et la fière valeur
>Du paladin Roland dont la noble sagesse
>S'éclipsa quand Médor lui ravit sa maîtresse.

— En voilà beaucoup, dit-elle après avoir parcouru des yeux la feuille de papier, et interrompant les plus doux sons qui puissent frapper l'oreille d'un jeune poète, ses vers lus par celle qu'il adore.

— Beaucoup trop, sans doute, pour qu'ils méritent de fixer votre attention, dis-je un peu mortifié en reprenant le papier qu'elle cherchait à retenir.—Cependant, ajoutai-je, enfermé dans cette retraite, et obligé de me créer des occupations, j'ai cru ne pouvoir mieux employer mes momens de loisir qu'en continuant, uniquement pour mon plaisir, la traduction de ce charmant auteur, que j'ai commencée, il y a quelques mois, sur les rives de la Garonne.

— La question serait de savoir, dit gravement Diana, si vous n'auriez pas pu mieux employer votre temps.

— Vous voulez dire à des compositions originales, répondis-je grandement flatté; mais, à dire vrai, mon génie trouve beaucoup plus aisément des mots et des rimes que des idées; et, au lieu de me creuser la tête pour en chercher, je suis trop heureux de m'approprier celles de l'Arioste. Cependant, miss Vernon, avec les encouragemens que vous avez eu la bonté de me donner...

— Excusez-moi, M. Frank; ce sont des encouragemens, non pas que je vous donne, mais que vous prenez. Je ne veux parler ni de compositions originales, ni de traductions; c'est à des objets plus sérieux que je crois que vous pourriez consacrer votre temps. — Vous êtes mortifié, ajouta-t-elle, et je suis fâchée d'en être la cause.

— Mortifié? oh! non....., non assurément, dis-je de la meilleure grace qu'il me fut possible; je suis trop sensible à l'intérêt que vous prenez à moi.

— Ah! vous avez beau dire, reprit l'inflexible Diana; il y a de la mortification et même un petit grain de colère dans ce ton sérieux et contraint; au surplus, excusez la contrariété que je vous ai fait éprouver en vous sondant ainsi, car ce qui me reste à vous dire vous contrariera peut-être encore davantage.

Je sentis la puérilité de ma conduite, et je l'assurai qu'elle n'avait pas à craindre que je me révoltasse contre une critique que je ne pouvais attribuer qu'à son amitié pour moi.

— Ah! voilà qui est beaucoup mieux, me dit-elle; je savais bien que les restes de l'irritabilité poétique s'en iraient avec la petite toux qui a servi comme de prélude à votre déclaration. Mais à présent parlons sérieusement: Avez-vous reçu depuis peu des lettres de votre père?

— Pas un mot, répondis-je; il ne m'a pas honoré d'une seule ligne depuis que j'ai quitté Londres.

— C'est singulier! Vous êtes une bizarre famille, vous autres Osbaldistone! Ainsi vous ne savez pas qu'il est allé en Hollande pour quelques affaires pressantes qui exigeaient immédiatement sa présence.

— Voilà le premier mot que j'en entends.

— Et ce sera sans doute aussi une nouvelle pour vous, et peut-être la moins agréable de toutes, d'apprendre qu'il a confié à Rashleigh l'administration de ses affaires jusqu'à son retour?

— A Rashleigh! m'écriai-je pouvant à peine cacher ma surprise et mon inquiétude.

— Vous avez raison de vous alarmer, dit miss Vernon d'un ton fort grave; et, si j'étais à votre place, je m'efforcerais de prévenir les funestes conséquences qui résulteraient d'un semblable arrangement.

— Mais il n'est pas possible d'empêcher...

— Tout est possible à qui possède du courage et de l'activité : à qui craint, à qui hésite, rien n'est possible, parce que rien ne lui parait tel.

Miss Vernon prononça ces mots avec une exaltation héroïque; et, pendant qu'elle parlait, je croyais voir une de ces héroïnes du siècle de la chevalerie, dont un mot, dont un regard électrisait les preux, et doublait leur courage à l'heure du danger.

— Et que faut-il donc faire, miss Vernon ? répondis-je, désirant et craignant tout à la fois d'entendre sa réponse.

— Partir sur-le-champ, dit-elle d'un ton ferme, et retourner à Londres. — Peut-être, ajouta-t-elle d'un ton plus doux, êtes-vous déjà resté ici trop long-temps; ce n'est pas vous qu'il faut en accuser; mais chaque moment que vous y passeriez encore serait un crime; oui, un crime, car je vous dis sans feinte que, si les affaires de votre père sont long-temps entre les mains de Rashleigh, vous pouvez regarder sa ruine comme certaine.

— Comment est-il possible...?

— Ne faites pas tant de questions, dit-elle en m'interrompant; mais, croyez-moi, il faut tout craindre de Rashleigh. Au lieu de consacrer aux opérations de commerce la fortune de votre père, il l'emploiera à l'exécution de ses projets ambitieux. Lorsque M. Osbaldistone était en Angleterre, Rashleigh ne pouvait pas accomplir ses desseins : pendant son absence, il en trouvera mille occasions, et soyez sûr qu'il ne manquera pas d'en profiter.

— Mais comment puis-je, disgracié par mon père et

sans aucun pouvoir dans sa maison, empêcher ce danger par ma présence?

—Votre présence seule fera beaucoup. Votre naissance vous donne le droit de veiller aux intérêts de votre père; c'est un droit inaliénable. Vous serez soutenu par son premier commis, par ses amis, par ses associés. D'ailleurs les projets de Rashleigh sont d'une nature.....! elle s'arrêta tout à coup, comme si elle craignait d'en dire trop,— sont, en un mot, reprit-elle, de la nature de tous les plans sordides et intéressés, qui sont abandonnés aussitôt que ceux qui les méditent voient leurs artifices découverts, et s'aperçoivent qu'on les observe. Ainsi donc, dans le langage de votre poète favori :

A cheval! à cheval! délibérer c'est craindre.

—Ah! Diana! m'écriai-je entraîné par un sentiment irrésistible, pouvez-vous bien me conseiller de partir? Hélas! peut-être trouvez-vous que je suis resté ici trop long-temps?

Miss Vernon rougit, mais répondit avec la plus grande fermeté :—Oui, je vous conseille non-seulement de quitter Osbaldistone-Hall, mais même de n'y jamais revenir. Vous n'avez qu'une amie à regretter ici, ajouta-t-elle avec un sourire forcé, une amie accoutumée depuis long-temps à sacrifier son bonheur à celui des autres. Vous rencontrerez dans le monde mille personnes dont l'amitié sera aussi désintéressée, plus utile, moins assujettie à des circonstances malheureuses, moins sous l'influence des langues perverses et d'inévitables contrariétés.

—Jamais, m'écriai-je, jamais! Le monde ne peut rien

m'offrir qui compense ce qu'il faut que je quitte. Et je saisis sa main que je pressai contre mes lèvres.

— Quelle folie! s'écria-t-elle en s'efforçant de la retirer. Écoutez-moi, monsieur, et soyez homme. Je suis, par un pacte solennel, l'épouse de Dieu, à moins que je ne veuille épouser un Thorncliff. Je suis donc l'épouse de Dieu; le voile et le couvent sont mon partage. Modérez vos transports, ils ne servent qu'à prouver encore mieux la nécessité de votre départ. A ces mots elle retira brusquement sa main, et ajouta, mais en baissant la voix : Quittez-moi sur-le-champ..... Nous nous reverrons encore ici, mais ce sera pour la dernière fois.

Je m'aperçus qu'elle tressaillait; mes yeux suivirent la direction des siens, et je crus voir remuer la tapisserie qui couvrait la porte du passage secret qui conduisait de la bibliothèque à la chambre de Rashleigh. Je ne doutai point que quelqu'un ne nous écoutât, et je regardai miss Vernon.

— Ce n'est rien, dit-elle d'une voix faible, quelque rat derrière la tapisserie.

J'aurais fait la réponse d'Hamlet (1), si j'avais écouté l'indignation qui me transportait à l'idée d'être observé par un témoin dans un semblable moment. Mais la prudence, ou plutôt les prières réitérées de miss Vernon, qui me criait d'une voix étouffée: — Laissez-moi! laissez-moi! m'empêchèrent d'écouter mes transports, et je me précipitai hors de la chambre dans une espèce de frénésie farouche que je m'efforçai en vain de calmer.

(1) Voyez la scène où Hamlet tue Polonius derrière une tapisserie, lorsque, demandant quel est le bruit qu'il entend, il reçoit la même réponse que Diana fait ici à Francis Osbaldistone. — Éd.

Mon esprit était accablé par un chaos d'idées qui se détruisaient et se chassaient l'une l'autre, telles que ces brouillards qui dans les pays montagneux descendent en masses épaisses, et dénaturent ou font disparaître les marques ordinaires auxquelles le voyageur reconnaît son chemin à travers les déserts. L'idée confuse et imparfaite du danger qui menaçait mon père, la demi-déclaration que j'avais faite à miss Vernon sans qu'elle eût paru l'entendre, l'embarras de sa position, obligée, comme elle était, de se sacrifier à une union mal assortie ou de prendre le voile : tous ces souvenirs se pressaient à la fois dans mon esprit, sans que je fusse capable de les méditer. Mais ce qui par-dessus tout me déchirait le cœur, c'était la manière dont miss Vernon avait répondu à l'expression de ma tendresse : c'était ce mélange de sympathie et de fermeté qui semblait prouver que je possédais une place dans son cœur, mais une place trop petite pour lui faire oublier les obstacles qui s'opposaient à l'aveu d'un mutuel attachement. L'expression de terreur plutôt que de surprise avec laquelle elle avait remarqué le mouvement de la tapisserie semblait annoncer la crainte d'un danger quelconque, crainte que je ne pouvais m'empêcher de croire fondée; car Diana Vernon était peu sujette aux émotions nerveuses de son sexe, et elle n'était pas d'un caractère à se livrer à de vaines terreurs. De quelle nature étaient donc ces mystères dont elle était entourée comme d'un cercle magique, et qui exerçaient continuellement une influence active sur ses pensées et sur ses actions, quoique leurs agens ne fussent jamais visibles ? Ce fut sur cette réflexion que je m'arrêtai ; j'oubliai les affaires de mon père, et Rashleigh et sa perfidie, pour ne songer qu'à miss Vernon, et je résolus de ne point quitter Osbaldistone-Hall que je ne susse quelque chose de certain et de positif sur cet être enchanteur, dont la vie semblait partagée entre le mystère et la franchise : la franchise, présidant à ses discours, à ses sentimens ; et le mystère répandant sa nébuleuse influence sur toutes ses actions.

Comme si ce n'était pas assez d'éprouver l'intérêt de la curiosité et de l'amour, j'éprouvais encore, comme je l'ai déjà remarqué, un sentiment profond, quoique confus, de jalousie. Ce sentiment, croissant avec l'amour, comme l'ivraie avec le bon grain, était excité par la déférence que Diana montrait pour ces êtres invisibles qui dirigeaient ses actions. Plus je réfléchissais à son caractère, plus j'étais intérieurement convaincu qu'elle ne se soumettrait à aucun assujettissement qu'on voudrait lui imposer malgré elle, et qu'elle ne reconnaissait d'autre pouvoir que celui de l'affection ; il se glissa dans mon ame un violent soupçon que c'était là le fondement de cette influence qui l'intimidait.

Ces doutes, mille fois plus horribles que la certitude, augmentèrent mon désir de pénétrer le secret de sa conduite, et, pour y parvenir, je formai une résolution dont, si vous n'êtes pas fatigué de la lecture de ces détails, vous trouverez le résultat dans le chapitre suivant.

CHAPITRE XVII.

   « Une voix dont le son pour toi n'est pas sensible,
   » Me dit qu'il faut partir :
   » Le geste d'une main à tes yeux invisible
   » M'ordonne d'obéir. »

TICKELL.

Je vous ai déjà dit, mon cher Tresham, si vous voulez bien vous le rappeler, qu'il était fort rare que je me rendisse le soir à la bibliothèque pour voir miss Vernon, à moins que ce ne fût en présence de la dame Marthe. Cependant cet arrangement n'était qu'une convention libre, et c'était moi-même qui l'avais proposé. Depuis quelque temps, comme l'embarras de notre situation respective avait augmenté, les entrevues du soir avaient entièrement cessé. Miss Vernon n'avait donc aucune raison de croire que je voulusse les renouveler sans l'en prévenir d'avance, afin qu'elle pût engager la bonne Marthe à venir prendre, suivant l'usage, une tasse de thé avec elle; mais, d'un autre côté, cette prudence n'était pas une loi expresse. La bibliothèque m'était ouverte ainsi qu'à tous les autres membres de la famille, à toutes les heures du jour et de la nuit, et je pouvais y entrer inopinément sans que miss Vernon pût le trouver mauvais. J'étais convaincu qu'elle recevait quelquefois dans cet appartement ou le père Vaughan, ou quelque autre personne dont les avis dirigeaient sa conduite, et qu'elle choisissait pour ces entrevues les instans où elle se croyait le plus sûre de ne pas être interrompue. La lumière que j'avais remarquée le soir dans la bibliothèque, les deux ombres que j'avais vues distinctement; la trace de plusieurs pas imprimés le matin sur le sable depuis la porte de la tour jusqu'à la porte du jardin, le bruit que plusieurs domestiques avaient entendu, et qu'ils expliquaient à leur manière; tout semblait me prouver que quelque personne étrangère au château entrait secrètement dans cette chambre. Persuadé que cette personne exerçait une influence quelconque sur les destinées de Diana, je n'hésitai pas à former le projet de découvrir qui elle était, d'où provenait son autorité sur elle; mais surtout, quoique je m'efforçasse de croire que ce n'était qu'une considération très-secondaire, je voulais savoir par quels moyens cette personne conservait son influence sur Diana, et si elle la gouvernait par la crainte ou par l'affection. Ce qui prouvait que cette curiosité jalouse occupait la première place dans mon esprit, c'est que, malgré mes efforts pour repousser cette idée, et quoiqu'il me fût impossible de motiver mes présomptions, je me figurais que c'était un homme, et sans doute un homme jeune et bien fait qui dirigeait ainsi à son gré miss Vernon;

c'était dans l'impatience de découvrir ce rival que j'étais descendu au jardin pour épier le moment où la lumière paraîtrait dans la bibliothèque.

Tel était le feu qui me dévorait, que j'étais à mon poste, en attendant un phénomène qui ne pouvait point paraître avant le soir, une grande heure avant le coucher du soleil. C'était le jour du *sabbat*, et toutes les allées étaient désertes et solitaires. Je me promenai pendant quelque temps, pensant aux conséquences probables de mon entreprise. L'air était frais et embaumé, et sa douce influence parvint à calmer un peu le sang qui bouillait dans mes veines. L'effervescence de la passion commença proportionnellement à diminuer, et je me demandai de quel droit je voulais pénétrer les secrets de miss Vernon, ou ceux de la famille de mon oncle. Que m'importait que sir Hildebrand cachât quelqu'un dans sa maison, où je n'avais moi-même d'autres droits que ceux d'un hôte étranger? Devais-je me mêler des affaires de miss Vernon, et chercher à dévoiler un mystère qu'elle m'avait prié de ne pas approfondir?

La passion, l'intérêt et la curiosité, sophistes spécieux, eurent bientôt répondu à ces scrupules. En démasquant cet hôte secret, je rendais probablement service à sir Hildebrand, qui ignorait sans doute les intrigues qui se tramaient dans sa famille, et bien plus encore à miss Vernon, que sa franchise et sa naïve simplicité exposaient à tant de dangers par ces liaisons secrètes entretenues avec une personne dont peut-être elle ne connaissait pas bien le caractère. Si je semblais forcer sa confiance, c'était dans l'intention généreuse et désintéressée (oui, j'allai même jusqu'à l'appeler désintéressée) de la guider, de la protéger et de la défendre contre la ruse, contre la fourberie, et surtout contre le conseiller secret qu'elle avait choisi pour confident. Tels étaient les argumens que mon imagination présentait hardiment à ma conscience, et dont il lui semblait qu'elle devait se payer, tandis que ma conscience imitait le marchand qui, entendant bien ses intérêts, se résigne à accepter un argent qu'il est tenté de ne pas croire de bon aloi, plutôt que de perdre une pratique.

Pendant que je marchais à grands pas, débattant le pour et le contre, je me trouvai tout à coup près d'André Fairservice, qui était planté comme un terme devant une rangée de ruches d'abeilles, dans l'attitude d'une dévote contemplation, épiant d'un œil les mouvemens de ces citoyens actifs qui rentraient en bourdonnant dans leurs petits domaines, et l'autre fixé sur un livre de prières qu'une dévotion constante avait privé de ses angles et rapproché de la forme ovale; ce qui, joint à la couleur informe du volume, lui donnait un air d'antiquité fort respectable.

— Je lisais à part moi *la Fleur de douce saveur semée dans la vallée de ce monde* (1), du digne maître John Quackleben, dit André, fermant son livre à mon approche, et mettant, comme pour me témoigner son respect, ses lunettes de corne à l'endroit où sa lecture avait été interrompue.

— Et il me semble, André, que des abeilles partageaient votre attention avec l'auteur sacré?

— C'est une race bien impie, reprit le jardinier : elles ont six jours dans la semaine pour essaimer; eh bien,

(1) Un de ces livres mystiques sortis du cerveau malade des presbytériens fanatiques. — Éd.

non, il faut qu'elles attendent le jour du sabbat, et qu'elles empêchent le pauvre monde d'aller entendre le sermon! Ce n'est pas là l'embarras, il n'y a pas grand mal aujourd'hui; car il n'y a pas eu de prédication à la chapelle de Graneagain.

— Vous auriez pu aller, comme je l'ai fait, à l'église paroissiale, André; vous y eussiez entendu un excellent sermon.

— Des os de perdrix froide, des os de perdrix froide, dit André avec un ricanement dédaigneux; bon pour des chiens, sauf le respect de Votre Honneur. Oui, j'aurais pu entendre le ministre chanter de toute sa force avec sa grande chemise blanche; et les musiciens jouer de leurs sifflets; ça a plutôt l'air d'une noce à deux pences que d'un sermon, Dieu me préserve! J'aurais pu me donner aussi le plaisir d'entendre le P. Docharty marmotter sa messe; je m'en serais trouvé beaucoup mieux, ma foi.

— Docharty! lui dis-je (c'était le nom d'un vieux prêtre irlandais qui officiait quelquefois à Osbaldistone-Hall); je croyais que le P. Vaughan était encore au château; il y était hier matin.

— Oui, reprit André; mais il est parti le soir pour aller à Greystock, ou quelque part par là. Il y a eu du mouvement de ce côté. Ils sont aussi affairés que mes abeilles; Dieu me préserve de comparer jamais ces pauvres animaux à des papistes! Ah ça, à propos d'abeilles, savez-vous bien que voilà le second essaim qui part aujourd'hui? ah! mon Dieu oui; le premier est parti dès la pointe du jour, car il est bon que vous sachiez que je suis sur pied depuis cinq heures du matin. Mais les voilà à peu près toutes rentrées; ainsi je sou-

4.

haite à Votre Honneur le bonsoir et les bénédictions du ciel.

A ces mots André se retira, mais en s'en allant il se retourna souvent pour jeter un regard sur les *skeps*, comme il appelait les ruches.

J'avais obtenu indirectement d'André une information importante, c'était que le P. Vaughan n'était plus au château. Si j'apercevais de la lumière dans la bibliothèque, ce ne pouvait donc pas être la sienne, ou bien il tenait une conduite très-mystérieuse, et par conséquent suspecte. J'attendis avec impatience le coucher du soleil et le crépuscule. Le jour commençait à peine à tomber, que j'aperçus une faible clarté scintiller aux fenêtres de la bibliothèque; à peine était-il possible de distinguer cette pâle lumière, qui se confondait avec les derniers rayons du soleil couchant. Je la découvris néanmoins aussi promptement que le matelot égaré aperçoit dans l'éloignement la première lueur d'un fanal ami. Le doute, l'irrésolution, le sentiment des convenances, qui jusque-là avaient combattu ma curiosité et ma jalousie, s'évanouirent dès que l'occasion se présenta de satisfaire l'une et de motiver l'autre, ou de ramener le calme dans mon cœur, si je trouvais que mes soupçons étaient injustes. Je rentre aussitôt dans la maison, et, évitant les appartemens les plus fréquentés avec la précaution d'un homme qui médite un crime, j'arrive devant la bibliothèque; la main sur la serrure, j'hésite un instant;.... j'entends marcher;.... j'ouvre la porte..... et trouve miss Vernon seule.

Diana parut surprise : était-ce à cause de mon arrivée brusque et imprévue, ou par quelque autre motif, c'est ce que je ne pouvais deviner; elle paraissait dans une agitation qui ne pouvait être produite que par une émotion extraordinaire. Mais en un instant elle fut calme et tranquille; et telle est la force de la conscience, que moi, qui venais pour la surprendre et la confondre, je restai tout interdit et confus.

— Qu'est-il arrivé? dit miss Vernon. Est-il venu quelqu'un au château?

— Personne que je sache, répondis-je en bégayant; je venais chercher le Roland furieux.

— Il est sur cette table, me dit Diana, dont l'assurance redoublait encore mon embarras.

En remuant deux ou trois livres pour prendre celui que je prétendais chercher, je rêvais à quelque moyen de faire une retraite honorable, ce qui, dans ma position et avec un adversaire aussi pénétrant que Diana, n'était pas chose facile, lorsque j'aperçus un gant d'homme sur la table. Mes yeux rencontrèrent ceux de miss Vernon, qui rougit aussitôt.

— C'est une de mes reliques, dit-elle en hésitant: c'est un des gants de mon grand-père, l'original du superbe portrait de Vandyck que vous admirez.

Comme si elle pensait qu'il fallait quelque chose de plus qu'une simple assertion pour lever tous mes doutes, elle ouvrit un des tiroirs de la table, et en tira un autre gant qu'elle me jeta. Quand une personne naturellement franche et sincère veut se couvrir du voile de la duplicité et de la dissimulation, la gaucherie avec laquelle elle le porte, et les peines qu'elle prend pour cacher son embarras, inspirent souvent des soupçons, et font naître le désir de vérifier une histoire qu'elle ne débite que d'un ton faible et mal assuré. Je jetai un regard sur les deux gants, et je répondis gravement : —

Ces gants se ressemblent pour la broderie, mais miss Vernon voudra bien remarquer qu'ils ne peuvent former une paire, puisqu'ils sont tous deux de la main droite.

Miss Vernon se mordit les lèvres de dépit, et rougit de nouveau.

— Vous faites bien de me confondre, de me démasquer, reprit-elle avec amertume. Il est des personnes qui eussent jugé, d'après ce que je disais, que je ne voulais point donner d'explication particulière d'une circonstance qui ne regarde personne, — surtout un étranger. Vous avez jugé mieux, et vous m'avez fait sentir la bassesse de la duplicité, que j'ai toujours eue en horreur, et que j'abjure à jamais. Je n'ai point le talent de la dissimulation ; c'est un rôle indigne de moi, et que la nécessité seule a pu me faire prendre un instant. Non, comme votre sagacité l'a bien découvert, ce gant n'est pas le pareil de celui que je vous ai montré ; il appartient à un ami qui m'est encore plus cher que le tableau de Vandyck,.... un ami dont les conseils me guideront toujours,.... un ami que j'honore,.... un ami que j'..... Elle s'arrêta.

— *Que j'aime*, veut dire sans doute miss Vernon, m'écriai-je en m'efforçant de cacher sous un ton ironique le dépit qui me rongeait.

— Et quand je le dirais, reprit-elle fièrement, quelqu'un a-t-il le droit de contrôler mes affections ? quelqu'un prétendra-t-il m'en demander raison ?

— Ce ne sera pas moi assurément, miss Vernon, repris-je avec emphase, car j'étais piqué à mon tour ; je vous prie de ne pas me supposer une semblable présomption ; mais j'espère que miss Vernon voudra bien pardonner à un ami, à une personne du moins qu'elle honorait de ce titre, s'il prend la liberté de lui faire observer.....

— Ne me faites rien observer, monsieur, dit-elle avec véhémence, si ce n'est que je n'aime pas les questions. Prétendez-vous vous établir mon juge? je ne le souffrirai pas; et si vous n'êtes venu ici que pour épier ma conduite, l'amitié que vous dites avoir pour moi est une pauvre excuse pour votre incivile curiosité.

— Je vous délivre de ma présence, dis-je avec une fierté semblable à la sienne; j'ai fait un rêve agréable, oh! oui, bien agréable, mais aussi bien trompeur, et.... mais nous nous entendons à présent.

J'allais sortir lorsque miss Vernon, dont les mouvemens étaient quelquefois si rapides qu'ils semblaient presque instinctifs, se précipita devant la porte; me saisissant le bras, elle m'arrêta avec cet air d'autorité qu'elle savait si bien prendre, et qui contrastait si singulièrement avec la naïveté et la simplicité de ses manières.

— Arrêtez, M. Frank, me dit-elle; nous ne devons pas nous quitter ainsi; je n'ai pas assez d'amis pour que je puisse me résoudre à rayer de ce nombre même les ingrats et les égoïstes. Écoutez-moi, M. Frank, vous ne saurez jamais rien sur ce gant mystérieux. Et elle le prit à la main. Non, rien. Pas un iota de plus que ce que vous savez déjà; mais qu'il ne soit pas un sujet de discorde entre nous. Le séjour que je dois faire ici, ajouta-t-elle d'un ton plus doux, sera nécessairement fort court; le vôtre doit l'être encore davantage. Nous devons nous quitter bientôt pour ne jamais nous revoir; ne nous querellons donc pas; que mes mystérieuses infortunes ne soient pas un prétexte pour répandre de l'amertume sur le peu d'heures que nous avons encore à passer ensemble avant de nous retrouver sur l'autre rive de l'éternité.

Je ne sais, Tresham, par quel charme, par quel sortilège cette charmante créature obtenait un ascendant si complet sur un caractère que j'étais quelquefois moi-même incapable de maîtriser. J'étais décidé, en entrant dans la bibliothèque, à demander une explication complète à miss Vernon. Elle l'avait refusée avec une fierté insultante, elle m'avait avoué en face qu'elle me préférait un rival ; car quelle autre interprétation pouvais-je donner à la préférence qu'elle témoignait pour son mystérieux confident ? Et cependant, lorsque j'étais sur le point de sortir de la chambre, et de rompre pour toujours avec elle, il ne lui fallait que changer de ton, passer de l'accent de la fierté et du ressentiment à celui de l'autorité et du despotisme, tempérés ensuite par l'expression de la douceur et de la mélancolie, pour remettre son humble sujet à sa place, et le soumettre aux dures conditions qu'elle lui imposait.

— Que sert que je revienne ? dis-je en m'asseyant ; pourquoi vouloir que je sois témoin de malheurs que je ne puis adoucir, et de mystères que c'est vous offenser que de chercher à découvrir ? Quoique vous ne connaissiez pas encore le monde, il est impossible que vous ignoriez qu'une jeune personne ne peut avoir qu'un ami. Si je savais qu'un de mes amis eût en secret pour un tiers une confiance qu'il n'a pas pour moi, je ne pourrais m'empêcher d'être jaloux ; mais de vous, miss Vernon, de vous.....

— Vous êtes jaloux, n'est-ce pas, dans toute la force

du terme; mais, mon cher ami, vous ne faites que répéter ce que les niais apprennent par cœur dans les comédies et les romans, jusqu'à ce qu'ils donnent à un sot verbiage une influence réelle sur leur esprit. Garçons, filles, tous babillent jusqu'à ce qu'ils soient amoureux, et lorsque leur amour est prêt à s'éteindre, ils se remettent à babiller et à se tourmenter, jusqu'à ce qu'ils soient jaloux. Mais nous, Frank, qui sommes des êtres raisonnables, nous ne devons parler que le langage de la bonne et franche amitié. Toute autre union entre nous est aussi impossible que si j'étais homme ou que vous fussiez femme. Pour parler sans détour, ajouta-t-elle après un moment d'hésitation, quoique je veuille bien sacrifier encore assez aux convenances pour rougir un peu de la clarté de mon explication, nous ne pourrions pas nous marier, si nous le voulions; et quand même nous le pourrions, nous ne le devrions pas.

Une rougeur céleste colorait son front lorsqu'elle me fit cette cruelle déclaration. Je me préparais à combattre ses argumens, oubliant jusqu'à mes soupçons qui venaient d'être confirmés; mais elle me prévint, et ajouta avec une fermeté froide qui approchait de la sévérité : — Ce que je dis est une vérité incontestable qu'il est impossible de réfuter; ainsi point de question, je vous prie...; nous sommes amis, M. Osbaldistone, n'est-ce pas? Elle me tendit la main, et prenant la mienne : — Amis, et rien, non jamais rien qu'amis.

Elle laissa aller ma main; — je baissai la tête, dompté (1), comme l'eût dit Spencer, par le mélange de

---

(1) L'auteur se sert du vieux mot *over-crawed*. — ÉD.

douceur et de fermeté qui régnait dans ses manières : elle se hâta de changer de sujet.

— Voici, me dit-elle, une lettre qui vous est adressée, mais qui, malgré les préventions de la personne qui vous l'écrit, ne vous fût probablement jamais parvenue, si elle n'était tombée entre les mains de mon petit Pacolet, ou nain magique, que, comme toutes les damoiselles infortunées des romans, je garde en secret à mon service.

La lettre était cachetée, je l'ouvris, et jetai un coup d'œil sur le contenu. Le papier me tomba des mains, et je m'écriai involontairement : — Grand Dieu ! ma folie et ma désobéissance ont ruiné mon père !

Miss Vernon parut vivement alarmée, mais se remettant aussitôt : — Vous pâlissez, me dit-elle, vous êtes malade, vous apporterai-je un verre d'eau ? Allons, M. Osbaldistone, soyez homme ; qu'est-il arrivé ? Votre père n'est-il plus ?

— Il vit, grace au ciel ! mais dans quel embarras, dans quelle détresse.... !

— Est-ce là tout ? Ne désespérez pas. Puis-je lire cette lettre ? dit-elle en la ramassant.

J'y consentis, sachant à peine ce que je disais. Elle la lut avec la plus grande attention.

— Quel est ce M. Tresham qui signe la lettre ?

— L'associé de mon père (votre bon père, mon cher William) ; mais il n'est pas dans l'habitude de prendre part aux affaires du commerce.

— Il parle ici de plusieurs lettres qui vous ont déjà été écrites.

— Je n'en ai reçu aucune, répondis-je.

— Et il paraît, ajouta-t-elle, que Rashleigh, laissé

par votre père à la tête de toutes ses affaires avant son départ pour la Hollande, a quitté Londres depuis quelques jours pour passer en Écosse, emportant avec lui des effets montant à une somme considérable, et destinés à acquitter des billets souscrits par votre père au profit de différentes personnes de ce pays.

— Il n'est que trop vrai.

— On dit encore dans la lettre que n'ayant plus entendu parler de Rashleigh, on a envoyé le premier commis, un nommé Owen, à Glascow, pour tâcher de le découvrir, et l'on finit par vous prier de vous rendre aussi dans cette ville, et de l'aider dans ses recherches.

— Oui, et il faut que je parte à l'instant.

— Écoutez, dit miss Vernon, il me semble que le plus grand malheur qui puisse résulter de tout cela sera la perte d'une certaine somme d'argent, et j'aperçois des larmes dans vos yeux! fi, M. Osbaldistone!

— Vous me faites injure, miss Vernon, répondis-je; ce n'est point la perte de ma fortune qui m'arrache des larmes; c'est l'effet qu'elle produira sur l'esprit et sur la santé de mon père, à qui l'honneur est plus cher que la vie. S'il se voit dans l'impossibilité de faire face à ses engagemens, il éprouvera le même regret, le même désespoir, qu'un brave soldat qui a fui une fois devant l'ennemi, qu'un honnête homme qui a perdu son rang et sa réputation dans la société. J'aurais pu prévenir tous ces malheurs si je n'avais pas écouté un vain orgueil, une indolence coupable qui m'a fait refuser de partager ses travaux et de suivre comme lui une carrière aussi utile qu'honorable. Grand Dieu! comment réparer à présent les funestes conséquences de mon erreur?

— En vous rendant à Glascow, comme vous en êtes

instamment prié par l'ami qui vous écrit cette lettre.

— Mais, si Rashleigh a véritablement formé l'infame projet de ruiner son bienfaiteur, quelle apparence que je puisse trouver quelque moyen de déjouer un plan si profondément combiné?

— La réussite n'est pas certaine, je l'avoue; mais d'un autre côté, vous ne pouvez rendre aucun service à votre père en restant ici. Rappelez-vous que, si vous aviez été au poste qui vous était destiné, ce désastre ne serait pas arrivé; courez à celui qu'on vous indique à présent, et tout peut se réparer; attendez, ne sortez pas de cette chambre que je ne sois revenue.

Elle me laissa en proie à l'étonnement et à la confusion, au milieu de laquelle je pouvais pourtant trouver un intervalle lucide pour admirer la fermeté, le sang-froid et la présence d'esprit que miss Vernon possédait toujours, même dans les crises violentes et inattendues.

Elle revint quelques minutes après, tenant à la main un papier plié et cacheté comme une lettre, mais sans adresse: — Je vous remets, me dit-elle, cette preuve de mon amitié, parce que j'ai la plus parfaite confiance en votre honneur. Si j'ai bien compris la lettre qui vous est écrite, les fonds qui sont en la possession de Rashleigh doivent être recouvrés le 12 septembre, afin qu'ils puissent être appliqués au paiement des billets en question; et, si vous pouvez y parvenir avant cette époque, le crédit de votre père ne court aucun danger.

— Il est vrai; la lettre de M. Tresham est fort claire. Je la lus encore une fois, et j'ajoutai: — Il n'y a pas l'ombre d'un doute.

— Eh bien! dit miss Vernon, dans ce cas, mon petit Pacolet pourra vous être utile. Vous avez entendu parler d'un charme magique contenu dans une lettre. Prenez ce paquet ; s'il vous est possible de réussir par d'autres moyens et d'obtenir la remise des effets que Rashleigh a emportés, je compte sur votre honneur pour le brûler sans l'ouvrir ; sinon, vous pouvez rompre le cachet dix jours avant l'échéance des billets que votre père a souscrits, et vous trouverez des renseignemens qui pourront vous être utiles. Adieu, Frank ; nous ne nous reverrons plus, mais pensez quelquefois à votre amie Diana Vernon.

Elle me tendit la main ; mais je la serrai elle-même contre mon cœur. Elle soupira en se dégageant de mes bras, s'échappa par la petite porte qui conduisait à son appartement, et je ne la vis plus.

CHAPITRE XVIII.

> « Et vite ils ont doublé le pas,
> » Rien ne peut arrêter leur fuite ;
> » Les morts vont vite, vite, vite,
> » Pourquoi ne me suivrais-tu pas ? »
> BURGER.

Lorsqu'on est accablé de malheurs dont la cause et le caractère sont différens, on y trouve au moins cet avantage, que la distraction que produisent en nous leurs effets contradictoires nous donne la force de ne succomber sous aucun. J'étais profondément affligé de me séparer de miss Vernon; mais je l'aurais été bien davantage si les circonstances fâcheuses où se trouvait mon père n'eussent exigé mon attention. De même les tristes nouvelles que venait de m'apprendre M. Tresham m'auraient anéanti si mon cœur n'eût été partagé par les regrets que m'inspirait la nécessité de quitter celle qui m'était si chère. Mon amour pour Diana était aussi ardent que ma tendresse pour mon père était vive; mais j'éprouvai qu'il est possible de diviser sa sensibilité quand deux causes différentes la mettent en jeu en même temps, comme les fonds d'un débiteur insolvable se partagent au marc la livre entre ses créanciers. Telles étaient mes réflexions en gagnant mon appartement. On aurait véritablement dit que l'esprit de commerce commençait à s'éveiller en moi.

Je relus avec grande attention la lettre de votre père; elle était assez laconique, et me renvoyait pour les détails à Owen, qu'il m'engageait à aller joindre sans perdre un instant dans une ville d'Écosse nommée Glascow. Il ajoutait que j'aurais des nouvelles de mon vieil ami chez MM. Macvittie, Macfin et compagnie, négocians dans cette ville, au quartier de Gallowgate. Il me parlait de diverses lettres qui m'avaient été écrites, et que je n'avais jamais reçues, parce qu'elles avaient sans doute été interceptées, et se plaignait de mon silence en termes qui auraient été souverainement injustes si mes missives fussent parvenues à leur destination. Plus je lisais cette lettre, plus mon étonnement redoublait. Je ne doutai pas un instant que le génie de Rashleigh ne veillât autour de moi, et ne m'entourât à dessein de ténèbres et de difficultés. Je n'entrevoyais pas sans effroi l'étendue des moyens que sa scélératesse féconde avait employés pour parvenir à son but. Il faut que je me rende ici justice à moi-même; le chagrin de m'éloigner de miss Vernon, quelque vif qu'il fût, quelque insupportable qu'il m'eût paru dans toute autre circonstance, ne devint pour moi qu'une considération secondaire en songeant aux dangers dont mon père était menacé. Ce n'était pas que j'attachasse un grand prix à la fortune : je pensais même, comme presque tous les jeunes gens dont l'imagination est ardente, qu'il est plus facile de se passer de richesses que de consacrer son temps et ses soins aux moyens d'en acquérir. Mais, dans la situation où se trouvait mon père, je savais qu'il regarderait une suspension de paiemens comme une tache ineffaçable, que la vie deviendrait sans attraits pour lui, et qu'il envisagerait la mort comme sa seule espérance.

Mon esprit n'était donc occupé qu'à chercher les moyens de détourner cette catastrophe, et je le faisais avec une ardeur dont j'aurais été incapable s'il ne se fût agi que de ma fortune personnelle. Le résultat de mes réflexions fut une ferme résolution de partir d'Osbaldistone-Hall le lendemain matin, et de prendre la route de Glascow afin d'y joindre Owen. Je jugeai à propos de n'apprendre mon départ à mon oncle qu'en lui laissant une lettre de remerciemens pour le bon accueil que j'en avais reçu, et pour m'excuser en termes généraux sur une affaire urgente et imprévue qui me forçait à le quitter sans les lui offrir moi-même. Je connaissais assez le vieux chevalier pour savoir qu'il me pardonnerait ce manque apparent de politesse, et j'avais conçu une idée si terrible des combinaisons perfides de Rashleigh, que je craignais qu'il n'eût préparé quelques ressorts secrets pour empêcher un voyage que je n'entreprenais que pour déjouer ses projets, si j'annonçais publiquement mon départ d'Osbaldistone-Hall.

J'étais donc bien déterminé à partir le lendemain dès la pointe du jour, et à franchir les frontières d'Écosse avant qu'on pût même se douter que j'avais quitté le château. Mais il existait un obstacle puissant qui semblait devoir nuire à la célérité de mon voyage. Non-seulement j'ignorais quel était le plus court chemin pour me rendre à Glascow, mais je n'en connaissais même nullement la route. La promptitude étant de la plus grande importance, je résolus de consulter à ce sujet André Fairservice comme étant une autorité compétente pour me tirer d'embarras sans délai.

Quoiqu'il fût déjà tard, je voulus m'occuper sur-le-champ de cet objet intéressant, et je me rendis à l'instant même chez le jardinier. Sa demeure était à peu de distance du mur extérieur du jardin : c'était une chaumière entièrement construite dans le style d'architecture du Northumberland. Les fenêtres et les portes en étaient décorées de lourdes architraves et de linteaux massifs en pierre brute. Le toit était couvert de joncs en place de chaume, de tuiles ou d'ardoises. D'un côté un ruisseau roulait son eau limpide. Un antique poirier ombrageait de ses branches un petit parterre qu'on voyait devant la maison. Par-derrière était un jardin potager, un enclos en pâturage pour une vache, et un petit champ semé. En un mot, tout annonçait cette aisance que la vieille Angleterre procure à ses habitans jusque dans ses provinces les plus reculées.

En approchant de la maison du prudent André, j'entendis parler d'un ton nasal et solennel, ce qui me fit croire que, suivant la coutume méritoire de ses citoyens, il avait assemblé quelques-uns de ses voisins pour les joindre à lui dans ses dévotions du soir, car il n'avait ni femme, ni fille, ni sœur, ni personne du sexe féminin qui demeurât avec lui. Mon père, me dit-il un jour, a eu assez de ce bétail. Cependant il se formait quelquefois un auditoire composé de catholiques et de protestans, tisons qu'il arrachait au feu, disait-il, en les convertissant au presbytérianisme, quoi qu'en pussent dirent les pères Vaughan et Docharty, et les ministres de l'église anglicane, qui regardaient son intervention dans les matières spirituelles comme une hérésie qui s'introduisait en contrebande. Il était donc comme possible qu'il tînt chez lui ce soir une assemblée de cette nature. Mais, en écoutant plus attentivement, je reconnus que le bruit que j'entendais n'était produit que par les poumons d'André; et, lorsque j'ouvris la porte pour entrer, je le trouvai seul, lisant à haute voix, pour sa propre édification, un livre de controverses théologiques, et livrant bataille de tout son cœur à des mots qu'il ne comprenait point.

— C'est vous, M. Frank, me dit-il en mettant de côté son énorme in-folio; j'étais à lire un peu le digne docteur Lightfoot (1).

— Lightfoot! répliquai-je en jetant les yeux sur le lourd volume, jamais auteur ne fut plus mal nommé.

— C'est pourtant bien son nom, monsieur; c'était un théologien comme on n'en voit plus de pareil. Cependant je vous demande pardon de vous laisser debout à la porte; mais j'ai été si tourmenté des esprits la nuit dernière, Dieu me préserve! je ne voulais l'ouvrir qu'après avoir lu tout le service du soir, et je viens justement de finir le cinquième chapitre de Néhémie. Si cela ne suffit pas pour les tenir en respect, je ne sais pas ce qu'il faudra que je fasse.

— Tourmenté des esprits, André! que voulez-vous dire?

(1) Pied léger. — Éd.

— Que j'ai eu à combattre contre eux toute la nuit. Ils voulaient, Dieu me préserve! me faire sortir de ma peau sans même se donner la peine de m'écorcher comme une anguille.

— Trêve à vos frayeurs pour un moment, André. Je désire savoir si vous pouvez m'enseigner le chemin le plus court pour me rendre à une ville de votre Écosse appelée Glascow.

— Le chemin de Glascow! si je le connais! et comment ne le connaîtrais-je pas? Elle n'est qu'à quelques milles de mon endroit, de la paroisse de Dreepdayly, qui est un petit brin à l'ouest. Mais, Dieu me préserve! pourquoi donc Votre Honneur va-t-il à Glascow?

— Pour des affaires particulières.

— Autant vaudrait me dire : Ne me faites pas de questions, et je ne vous répondrai pas de mensonges. A Glascow!..... Je pense que vous feriez quelque honnêteté à celui qui vous y conduirait?

— Certainement, si je trouvais quelqu'un qui allât de ce côté.

— Vous feriez attention à son temps et à ses peines?

— Sans aucun doute; et si vous pouvez trouver quelqu'un qui veuille m'accompagner, je le paierai généreusement.

— C'est aujourd'hui dimanche, dit André en levant les yeux vers le ciel; ce n'est pas un jour à parler d'affaires charnelles; sans cela je vous demanderais ce que vous donneriez à celui qui vous tiendrait bonne compagnie sur la route, qui vous dirait le nom de tous les châteaux que vous verriez, et toute la parenté de leurs propriétaires.

— Je n'ai besoin que de connaître la route, la route

la plus courte, et je paierai, à celui qui voudra me la montrer, tout ce qui sera raisonnable.

— Tout, répliqua André, ce n'est rien, et le garçon dont je parle connaît tous les sentiers, tous les détours des montagnes, tous......

— Je suis pressé, André, je n'ai pas de temps à perdre; faites le marché pour moi, et je l'approuve d'avance.

— Ah! voilà qui est parler. Eh bien, je crois, Dieu me préserve! que le garçon qui vous y conduira, ce sera moi.

— Vous, André? voulez-vous donc quitter votre place?

— Je vous ai déjà dit, M. Frank, que je pense depuis long-temps à quitter le château, depuis l'instant que j'y suis entré. Mais à présent j'ai pris mon parti tout de bon: autant plus tôt que plus tard.

— Mais ne risquez-vous pas de perdre vos gages?

— Sans doute il y aura de la perte. Mais j'ai vendu les pommes du vieux verger, et j'en ai encore l'argent, quoique sir Hildebrand, c'est-à-dire son intendant, m'ait pressé de le lui remettre, comme si c'eût été une mine d'or; et puis j'ai reçu quelque argent pour acheter des semailles, et puis...... Enfin cela fera une sorte de *compensation*. D'ailleurs Votre Honneur fera attention à ma perte et à mon risque quand nous serons à Glascow. Et quand Votre Honneur compte-t-il partir?

— Demain matin, à la pointe du jour.

— C'est un peu prompt! Et où trouverai-je un bidet? Attendez....! Oui, je sais où trouver la bête qui me convient.

— Ainsi donc, André, demain à cinq heures je vous trouverai au bout de l'avenue.

— Ne craignez rien, M. Frank : que le diable m'emporte, par manière de parler au moins, si je vous manque de parole ! Mais si vous voulez suivre mon avis, nous partirons deux heures plus tôt. Je connais les chemins la nuit comme le jour, et j'irais d'ici à Glascow les yeux bandés, par la route la plus courte, sans me tromper une seule fois.

Le grand désir que j'avais de partir me fit adopter l'amendement d'André, et nous convînmes de nous trouver au rendez-vous indiqué le lendemain à trois heures du matin.

Une réflexion se présenta pourtant à l'esprit de mon futur compagnon de voyage.

— Mais les esprits ! s'écria-t-il, les esprits ! s'ils venaient à nous poursuivre à trois heures du matin ! je ne me soucierais pas d'avoir leur visite deux fois dans vingt-quatre heures.

— N'en ayez pas peur, lui dis-je en le quittant. Il existe sur la terre assez de malins esprits qui savent agir pour leur intérêt, mieux que s'ils avaient à leurs ordres, tous les suppôts de Lucifer.

Après cette exclamation, qui me fut arrachée par le sentiment de situation dans laquelle je me trouvais, je sortis de la chaumière d'André et je m'en retournai au château.

Je fis le peu de préparatifs indispensables; je chargeai mes pistolets, et je me jetai tout habillé sur mon lit pour tâcher de me préparer, par quelques heures de sommeil, à supporter la fatigue du voyage que j'allais entreprendre, et les inquiétudes qui devaient m'accompagner jusqu'à la fin de la route. La nature, épuisée par les agitations que j'avais éprouvées pendant cette journée, me fut plus favorable que je n'osais l'espérer, et je jouis d'un sommeil paisible dont je ne sortis qu'en entendant sonner deux heures à l'horloge du château, placée au haut d'une tour dont ma chambre était voisine. J'avais eu soin de garder de la lumière. Je me levai à l'instant, et j'écrivis la lettre que j'avais dessein de laisser pour mon oncle. Cette besogne terminée, j'emplis une valise des vêtemens qui m'étaient le plus nécessaires, je laissai dans ma chambre le reste de ma garde-robe; je descendis l'escalier sans faire de bruit, je gagnai l'écurie sans obstacle; là, quoique je ne fusse pas aussi habile palefrenier qu'aucun de mes cousins, je sellai et bridai mon cheval et me mis en route.

En entrant dans l'avenue qui conduisait à la porte du parc, je m'arrêtai un instant, et me retournai pour voir encore une fois les murs qui renfermaient Diana Vernon. Il me semblait qu'une voix secrète me disait que je m'en séparais pour ne plus la revoir. Il était impossible, dans la succession longue et irrégulière des fenêtres gothiques du château, que les pâles rayons de la lune n'éclairaient qu'imparfaitement, de reconnaître celles de l'appartement qu'elle occupait. — Elle est déjà perdue pour moi, pensais-je en cherchant inutilement à les distinguer, perdue avant même que j'aie quitté l'enceinte des lieux qu'elle habite! Quelle espérance me reste-t-il donc? d'avoir quelque correspondance avec elle, quand nous serons séparés!

J'étais absorbé dans une rêverie d'une nature peu agréable, quand l'horloge du château fit entendre trois heures, et rappela à mon souvenir un individu bien moins intéressant pour moi, et un rendez-vous auquel il m'importait d'être exact.

En arrivant au bout de l'avenue, j'aperçus un homme à cheval, caché par l'ombre que projetait la muraille du parc. Je toussai plusieurs fois; mais ce ne fut que lorsque j'eus prononcé le nom André, à voix basse, que le jardinier me répondit : — Oui, oui, c'est André.

— Marchez devant, lui dis-je, et gardez bien le silence, s'il est possible, jusqu'à ce que nous ayons traversé le village qui est dans la vallée.

André ne se fit pas répéter cet ordre; il partit à l'instant même et d'un pas beaucoup plus rapide que je ne l'aurais désiré. Il obéit si scrupuleusement à mon injonction de garder le silence, qu'il ne répondit à aucune des questions que je ne cessais de lui adresser sur la cause d'une marche si rapide, et qui me semblait aussi peu nécessaire qu'imprudente au commencement d'un long voyage, puisqu'elle pouvait mettre nos chevaux hors d'état de le continuer. Nous ne traversâmes pas le village. Il me fit passer par des sentiers détournés; nous arrivâmes dans une grande plaine, et nous nous trouvâmes ensuite au milieu des montagnes qui séparent l'Angleterre de l'Écosse, dans ce qu'on appelle les *Marches moyennes* (1). Le chemin, ou plutôt le mauvais sentier que nous suivions alors, était coupé à chaque instant tantôt par des broussailles, tantôt par des marais. André pourtant ne ralentissait pas sa course, et nous faisions bien neuf à dix milles par heure.

J'étais surpris et mécontent de l'opiniâtreté du drôle, et il fallait pourtant le suivre, ou perdre l'avantage d'a-

---

(1) Les frontières les plus centrales. — Éd.

voir un conducteur. Nous ne trouvions que des montées et des descentes rapides sur un terrain où nous risquions à chaque instant de nous rompre le cou; nous passions de temps en temps à côté de précipices dans lesquels le moindre faux pas de nos chevaux nous aurait fait trouver une mort certaine. La lune nous prêtait quelquefois une faible lumière, mais souvent un nuage ou une montagne nous plongeait dans de profondes ténèbres : je perdais alors de vue mon guide, et il ne me restait pour me diriger que le bruit des pieds de son cheval, et le feu qu'ils tiraient des rochers sur lesquels nous marchions. La rapidité de cette course, et l'attention que le soin de ma sûreté m'obligeait de donner à mon cheval me furent d'abord de quelque utilité pour me distraire des réflexions pénibles auxquelles j'aurais été tenté de m'abandonner. Je criai de nouveau à André de ne pas aller si vite, et je me mis sérieusement en colère quand je vis qu'il ne faisait aucune attention à mes ordres répétés, et que je n'en pouvais tirer aucune réponse. Mais la colère ne me servait à rien. Je m'efforçai deux ou trois fois de le joindre, bien résolu à lui caresser les épaules du manche de mon fouet; mais il était mieux monté que moi, et soit qu'il se doutât de mes bonnes intentions, soit que son coursier fût piqué d'une noble émulation, dès que je parvenais à en approcher, il ne tardait pas à regagner le terrain qu'il avait perdu. Enfin, n'étant plus maître de ma colère, je lui criai que j'allais avoir recours à mes pistolets, et envoyer à Hotspur André(1) une balle qui le forcerait de ralentir l'impé-

(1) *Le bouillant André.* Hotspur, personnage historique de Shakspeare, dont le nom peut se traduire par *éperon chaud*.—Éd.

tuosité de sa marche. Il est probable qu'il entendit cette menace, et qu'elle fit sur lui quelque impression ; car il changea d'allure sur-le-champ, et en peu d'instans je me trouvai à son côté.

— Il n'y a pas de bon sens de courir comme nous le faisons! dit-il du plus grand sang-froid.

— Et pourquoi courez-vous ainsi, misérable?

— Je croyais que Votre Honneur était pressé, me répliqua-t-il avec une gravité imperturbable.

— Ne m'avez-vous donc pas entendu depuis deux heures vous crier d'aller plus doucement? Êtes-vous ivre? Êtes-vous fou?

— C'est que, voyez-vous, M. Frank, j'ai l'oreille un peu dure, et puis le bruit des pieds des chevaux sur ces rochers, et puis... et puis il est vrai que j'ai bu le coup de l'étrier avant de partir; et, comme je n'avais personne pour boire à ma santé, il a bien fallu m'en charger moi-même; et puis je ne voulais pas laisser à ces papistes le reste de mon eau-de-vie; je n'aime à rien perdre, voyez-vous.

Tout cela pouvait être vrai, cependant je n'en croyais pas un mot. Mais, comme la position où je me trouvais exigeait que je maintinsse la bonne intelligence entre mon guide et moi, je me contentai de lui prescrire de marcher à l'avenir à mon côté.

Rassuré par mon ton pacifique, André leva le sien d'une octave, suivant son habitude ordinaire de pédanterie.

— Votre Honneur ne me persuadera jamais, pas plus que personne au monde, qu'il soit prudent de s'exposer à l'air de la nuit sans s'être garni l'estomac d'un bon verre d'eau-de-vie ou de genièvre, ou de quelque autre reconfortant semblable; et j'en puis parler savamment, car, Dieu me préserve! j'ai bien des fois traversé ces montagnes pendant la nuit, ayant de chaque côté de ma selle une petite barrique d'eau-de-vie.

— En d'autres termes, André, vous faisiez la contrebande. Comment un homme qui a des principes aussi rigides que les vôtres pouvait-il se résoudre à frauder ainsi les droits du trésor public?

— Ce ne sont que les dépouilles des Égyptiens : la pauvre Écosse, depuis le malheureux acte d'Union à l'Angleterre, a bien assez souffert de ces coquins de jaugeurs de l'excise qui sont tombés sur elle comme une nuée de sauterelles; il convient à un bon citoyen de lui procurer une petite goutte de quelque chose pour lui regaillardir le cœur.

En l'interrogeant encore, j'appris qu'il avait souvent passé par ces montagnes pour faire la contrebande avant et depuis son établissement à Osbaldistone-Hall. Cette circonstance n'était pas indifférente pour moi, car elle me prouvait qu'il était très en état de me servir de guide.

Nous voyagions alors moins précipitamment; et cependant le cheval d'André, ou plutôt André lui-même avait toujours une forte propension à accélérer le pas, et j'étais souvent obligé de le modérer. Le soleil était levé, et mon conducteur se retournait fréquemment pour regarder derrière lui, comme s'il eût craint d'être poursuivi. Enfin nous arrivâmes sur la plate-forme d'une montagne très-élevée que nous mîmes une demi-heure à gravir, et d'où l'on découvrait toute la partie du pays que nous venions de parcourir. André s'arrêta, jeta les yeux de ce côté, et n'apercevant encore dans les champs ni sur les routes aucun être vivant, sa physionomie prit un air de satisfaction; il se mit à siffler, et finit par chanter un air de son pays dont le refrain était

> .... Oh! ma Jessie!
> Te voilà donc dans ma patrie;
> Et ton clan ne te verra plus.

En même temps il passait la main sur le cou de son cheval, le flattait et le caressait, ce qui réveilla mon attention et me fit reconnaître à l'instant une jument favorite de Thorncliff Osbaldistone.

— Que veut dire ceci? André, lui dis-je en fronçant le sourcil; cette jument est à M. Thorncliff.

— Je ne dis pas qu'elle ne lui a point appartenu dans le temps, M. Frank, mais à présent elle est à moi.

— C'est un vol, misérable!

— Un vol, Dieu me préserve! M. Frank, personne n'a le droit de m'appeler voleur. — Voici ce que c'est, M. Thorncliff m'a emprunté dix livres (1) pour aller aux courses de chevaux d'York, et du diable s'il a jamais pensé à me les rendre; bien au contraire, quand je lui en parlais, il disait qu'il me casserait les os. Mais à présent il faudra qu'il me paie jusqu'au dernier sou, s'il veut revoir sa jument, et sans cela il n'aura jamais un crin de sa queue. Je connais un fin matois de procureur à Loughmaben, j'irai le voir en passant, et il saura bien arranger cette affaire. Un vol! non, non. Jamais André Fairservice ne s'est chauffé à un tel fagot. C'est un gage que j'ai saisi. Je l'ai saisi moi-même au lieu de le faire saisir par un

---

(1) 240 fr. — Éd.

huissier, voilà toute la différence. C'est la loi, et j'ai épargné les frais des gens de justice par économie.

— Cette économie pourra vous coûter plus cher que vous ne le pensez, si vous continuez à vous payer ainsi par vos mains sans autorité légale.

— Ta, ta, ta! nous sommes en Écosse à présent, et il s'y trouvera des avocats, des procureurs et des juges pour moi tout aussi bien que pour tous les Osbaldistone d'Angleterre. Le cousin au troisième degré de la tante de ma mère est cousin de la femme du prévôt de Dumfries, et il ne souffrirait pas qu'on fît tort à une goutte de son sang. Les lois sont les mêmes pour tout le monde ici; ce n'est pas comme chez vous, où un mandat du clerc Jobson peut vous envoyer au pilori avant que vous sachiez seulement pourquoi. Mais attendez un peu, et il y aura encore moins de justice dans le Northumberland, et c'est pourquoi je lui ai fait mes adieux.

Je n'ai pas besoin de vous dire, mon cher Tresham, que les principes d'André n'étaient nullement d'accord avec les miens, et je formai le dessein de lui racheter la jument lorsque nous serions arrivés à Glascow, et de la renvoyer à mon cousin. Je résolus aussi d'écrire à mon oncle par la poste, pour l'en informer, dans la première ville que nous trouverions en Écosse. Mais j'avais besoin d'André, et le moment ne me parut favorable ni pour lui faire part de mon projet, ni pour lui faire des reproches sur une action que son ignorance lui faisait peut-être regarder comme toute naturelle. Je détournai donc la conversation, et lui demandai pourquoi il disait qu'il y aurait bientôt moins de justice dans le Northumberland.

— Ah! ah! me dit-il, il y aura assez de justice, mais ce sera au bout du mousquet. Les officiers irlandais et tout le bétail papiste qu'on a été chercher dans les pays étrangers, faute d'en trouver assez dans le nôtre, ne sont-ils pas rassemblés dans tout le comté? Ces corbeaux ne s'y rendent que parce qu'ils flairent la charogne. Sûr comme je vis, sir Hildebrand ne restera pas les bras croisés. J'ai vu venir au château des fusils, des sabres, des épées. Croyez-vous que ce soit pour rien? Ce sont des enragés diables, Dieu me préserve! que ces jeunes Osbaldistone.

Ce discours rappela à mon souvenir le soupçon que j'avais déjà conçu, que les jacobites étaient à la veille de faire quelque entreprise hasardeuse. Mais, sachant qu'il ne me convenait de m'ériger ni en espion ni en censeur des discours et des actions de mon oncle, j'avais fui toute occasion de me mettre au courant de ce qui se passait au château. André n'avait pas les mêmes scrupules, et il parlait sans doute comme il le pensait, en disant qu'il se tramait quelque complot, et que c'était un des motifs qui l'avaient déterminé à s'éloigner.

— Tous les domestiques, ajouta-t-il, tous les paysans et les vassaux ont été enrôlés et passés en revue. Ils voulaient me mettre aussi dans la troupe; mais ceux qui le demandaient ne connaissaient pas André Fairservice. Je me battrai tout comme un autre, quand cela me conviendra, mais ce ne sera ni pour la prostituée de Babylone, ni pour aucune prostituée d'Angleterre.

CHAPITRE XIX.

> « Voyez-vous ce clocher dont la pointe hardie
> » S'élève jusqu'au ciel ?
> » C'est là que, délivrés des soins de cette vie,
> » Dorment d'un sommeil éternel
> » L'amant, le guerrier, le poète.....
>
> LANGHORNE.

A la première ville d'Écosse où nous nous arrêtâmes, mon guide alla trouver son ami le procureur, pour le consulter sur les moyens à employer pour s'approprier d'une manière légale la jument de M. Thorncliff, qui ne lui appartenait encore que par suite de ce que je veux bien me contenter d'appeler un tour d'adresse. Ce ne fut pas sans un certain plaisir que je vis à sa figure allongée et à son air contrit, lorsqu'il fut de retour, que sa consultation n'avait pas eu le résultat heureux qu'il en attendait. M. Touthope l'ayant déjà tiré de plus d'un mauvais pas dans ses opérations de contrebande, il avait en lui une entière confiance, et il lui conta toute l'affaire franchement et sans aucune réserve. Mais, depuis qu'il ne l'avait vu, M. Touthope avait été nommé clerc de la justice de paix du comté, et malgré tout l'intérêt qu'il prenait à son ancien ami, M. André Fairservice, il lui dit que son devoir et sa conscience exigeaient qu'il informât la justice de pareils exploits quand ils parvenaient à sa connaissance ; qu'il ne pouvait donc se dispenser de retenir la jument, et de la placer dans l'écurie du bailli Trumbull, jusqu'à ce que la question de la propriété fût décidée ; qu'il devrait même le faire arrêter aussi, mais qu'il ne pouvait se résoudre à traiter si rigoureusement une ancienne connaissance ; qu'il lui permettait donc de se retirer, et qu'il l'engageait à quitter la ville le plus promptement possible. Il poussa même la générosité jusqu'à lui faire présent d'un vieux cheval fourbu et poussif, afin qu'il pût continuer son voyage. Il est vrai qu'il en exigea en retour une cession absolue et bien en forme de tous ses droits sur la jument : cession qu'il lui représenta comme une simple formalité, puisque tout ce qu'André pouvait en attendre c'était le licou.

Ce ne fut pas sans peine que je tirai ces détails d'André. Il avait l'oreille basse ; son orgueil national était mortifié d'être forcé d'avouer que les procureurs d'Écosse étaient des procureurs comme ceux de tous les autres pays de l'univers, et que le clerc Touthope n'était pas d'une meilleure monnaie que le clerc Jobson.

— Si cela m'était arrivé en Angleterre, je ne serais pas à moitié si fâché de me voir voler ce que j'avais gagné au risque de mon cou, à ce qu'il prétend. Mais a-t-on jamais vu un faucon se jeter sur un faucon? et n'est-il pas honteux de voir un brave Écossais en piller un autre? Il faut que tout soit changé dans ce pays; et je crois, Dieu me préserve! que c'est depuis cette misérable union.

Il est bon de remarquer qu'André ne manquait jamais d'attribuer à l'union de l'Écosse à l'Angleterre tous les symptômes de dégénération et de dépravation qu'il croyait voir dans ses compatriotes, surtout la diminution de la capacité des pintes, l'augmentation du prix des denrées, et bien d'autres choses qu'il eut soin de me faire observer pendant le cours de notre voyage.

Quant à moi, de la manière dont les choses avaient tourné, je me regardai comme déchargé de toute responsabilité relativement à la jument. Je me contentai d'écrire à mon oncle la manière dont elle avait été emmenée de chez lui, et de l'informer qu'elle était entre les mains de la justice, ou de ses dignes représentans le bailli Trumbull et le clerc Touthope, auxquels je l'engageai à s'adresser pour la réclamer. Retourna-t-elle chez le chasseur de renards du Northumberland? Continua-t-elle à servir de monture au procureur écossais? c'est ce dont il est assez inutile de nous inquiéter maintenant.

Nous continuâmes notre route vers le nord-ouest, mais non avec la célérité qui avait marqué le commencement de notre voyage. André connaissait parfaitement les chemins, comme il me l'avait dit, mais c'étaient les chemins fréquentés par les contrebandiers, qui ont de bonnes raisons pour ne choisir ni les meilleurs ni les plus directs. Des chaînes de montagnes nues et stériles, qui se succédaient sans cesse, ne nous offaient ni intérêt ni variété. Enfin nous entrâmes dans la fertile vallée de la Clyde, et nous arrivâmes à Glascow.

Cette ville n'avait pas encore l'importance qu'elle a acquise depuis ce temps. Un commerce étendu et toujours croissant avec les Indes occidentales et les colonies américaines a été le fondement de sa richesse et de sa prospérité; et, si l'on bâtit avec soin sur cette base solide, elle peut devenir, avec le temps, une des villes les plus importantes de la Grande-Bretagne (1). Mais, à l'époque dont je parle, l'aurore de sa splendeur ne brillait même pas encore. L'union avait à la vérité ouvert à l'Écosse un commerce avec les colonies anglaises; mais le manque de fonds et la jalousie des négocians anglais privaient encore, en grande partie, les Écossais des avantages qui devaient résulter pour eux de l'exercice des privilèges que ce traité mémorable leur assurait. Glascow, située dans la partie occidentale de l'île, ne pouvait participer au peu de commerce que la partie orientale faisait avec le continent, et qui était sa seule ressource. Cependant, quoiqu'elle ne promît pas alors d'atteindre l'éminence commerciale à laquelle tout semble maintenant annoncer qu'elle arrivera un jour, sa situation centrale à l'ouest de l'Écosse la rendait une des places les plus importantes de ce royaume. La Clyde, qui coulait à peu de distance de ses murs, lui ouvrait une navigation intérieure qui n'était pas sans utilité. Non-seulement les plaines fertiles situées dans son voisinage immédiat, mais les comtés d'Ayr et de Dumfries, la regardaient comme leur capitale, y envoyaient leurs

(1) Prédiction vérifiée. — Ed.

productions, et en tiraient divers objets qui leur étaient nécessaires.

Les sombres montagnes de l'Écosse occidentale envoyaient souvent leurs sauvages habitans aux marchés de la ville favorite de saint Mungo (1). Les rues de Glascow étaient souvent traversées par des hordes de bœufs et de chevaux nains (2) au poil hérissé, qui conduisaient des Highlanders aussi sauvages et aussi velus, et quelquefois aussi raccourcis dans leur taille que les animaux confiés à leurs soins. C'était avec surprise que les étrangers regardaient leurs vêtemens antiques et singuliers, et qu'ils écoutaient les sons durs et aigres d'un langage qui leur était inconnu. Les montagnards eux-mêmes, armés de mousquets, de pistolets, de larges épées et de poignards, même dans les opérations paisibles du commerce, voyaient avec un égal étonnement des objets de luxe dont ils ne concevaient pas même l'usage, et avec un air de convoitise quelquefois alarmant, ceux dont ils enviaient la propriété. C'est toujours à contre-cœur que le Highlander sort de ses déserts, et il est aussi difficile de le naturaliser ailleurs que d'arracher un pin de sa montagne pour le transplanter dans un autre sol. Mais même alors tous les glens des Highlanders avaient une population surabondante, et il en résultait quelques émigrations presque forcées. Quelques-unes de leurs colonies s'avancèrent jusqu'à Glascow, y cherchèrent et y trouvèrent du travail, quoique différent de celui qui

(1) C'est à ce saint que les chroniques attribuent la civilisation des premiers habitans du Strathclyde. Son nom était Kentigern, fils d'Owain, surnommé *Mungo*, c'est-à-dire le courtois. La cathédrale lui était dédiée avant la réforme. — Éd.

(2) Poneys. — Éd.

les occupait dans leurs montagnes, et ce supplément de bras laborieux ne fut pas inutile pour la prospérité de cette ville. Il fournit les moyens de soutenir le peu de manufactures qui y étaient déjà établies, et jeta les fondemens de sa splendeur future.

L'extérieur de la ville correspondait avec cet avenir. La principale rue était large et belle; elle était décorée d'édifices publics dont l'architecture plaisait plus à l'œil qu'elle n'était correcte en fait de goût, et elle était bordée des deux côtés de maisons construites en pierres, surchargées d'ornemens en maçonnerie, ce qui lui donnait un air de grandeur et de dignité qui manque à la plupart des villes d'Angleterre, bâties en briques fragiles et d'un rouge sale.

Ce fut un dimanche matin que mon guide et moi nous arrivâmes dans la métropole occidentale de l'Écosse. Toutes les cloches de la ville étaient en branle, et le peuple, qui remplissait les rues pour se rendre aux églises, annonçait que ce jour était consacré à la religion. Nous descendîmes à la porte d'une joyeuse aubergiste qu'André appela une hostler-wife, mot qui me rappela *l'Otelere* (1) du vieux Chaucer. Elle nous reçut très-civilement. Ma première pensée fut de chercher Owen sur-le-champ; mais j'appris qu'il me serait impossible de le trouver avant que le service divin fût terminé. Mon hôtesse m'assura que je ne trouverais personne chez MM. Macvittie, Macfin et compagnie, où la lettre de votre père, Tresham, m'annonçait que j'en aurais des nouvelles; que c'étaient des gens religieux, et qu'ils étaient où tous les bons chrétiens devaient être, c'est-à-dire dans l'église de la Baronnie.

(1) C'est notre mot hôtelière. — Éd.

André, dont le dégoût qu'il avait récemment conçu pour les lois de son pays, ne s'étendait pas sur son culte religieux, demanda à notre hôtesse le nom du prédicateur qui devait distribuer la nourriture spirituelle aux fidèles réunis dans l'église de la Baronnie. Elle n'en eut pas plus tôt prononcé le nom qu'il entonna un cantique de louanges en son honneur, et à chaque éloge l'hôtesse répétait un *amen* approbatif. Je me décidai à me rendre dans cette église, plutôt dans l'espoir d'apprendre si Owen était arrivé à Glascow que dans l'attente d'être fort édifié. Mon espérance redoubla quand l'hôtesse me dit que, si M. Ephraïm Macvittie (le digne homme) était encore sur la terre des vivans, il honorerait bien certainement cette église de sa présence, et que, s'il avait un étranger logé chez lui, il n'y avait nul doute qu'il ne l'y conduisît. Cette probabilité acheva de me décider, et, escorté du fidèle André, je me mis en marche pour l'église de la Baronnie.

Un guide ne m'était pourtant pas très-nécessaire en cette occasion. La foule qui se pressait dans une rue étroite, escarpée et mal pavée, pour aller entendre le prédicateur le plus populaire de toute l'Écosse occidentale, m'y aurait entraîné avec elle. En arrivant au sommet de la hauteur, nous tournâmes à gauche, et une grande porte, dont les deux battans étaient ouverts, nous donna entrée dans le grand cimetière qui entoure l'église cathédrale de Glascow. Cet édifice est d'un style d'architecture gothique plutôt sombre et massif qu'élégant; mais il a un caractère particulier, et est si bien conservé et tellement en harmonie avec les objets qui l'entourent, que l'impression qu'il produit sur ceux qui le voient pour la première fois est imposante et solennelle au plus haut degré. J'en fus tellement frappé que je résistai quelques instans à tous les efforts que faisait André pour m'entraîner dans l'intérieur de l'église, tant j'étais occupé à en examiner les dehors.

Situé dans le centre d'une ville aussi grande que peuplée, cet édifice paraît être dans la solitude la plus retirée. De hautes murailles le séparent des maisons d'un côté; de l'autre il est borné par une ravine au fond de laquelle court un ruisseau inaperçu, et dont le murmure ajoute encore à la solennité de ces lieux. Sur l'autre bord de la ravine s'élève une allée touffue de sapins dont les rameaux étendent jusque sur le cimetière une ombre mélancolique. Le cimetière lui-même a un caractère particulier, car, quoiqu'il soit véritablement d'une grande étendue, il ne l'est pas proportionnellement au nombre d'habitans qui y sont enterrés, et dont presque toutes les tombes sont couvertes d'une pierre sépulcrale. On n'y voit pas ces touffes de gazon qui décorent ordinairement une grande partie de la surface de ces lieux où le méchant cesse de pouvoir nuire, et où le malheureux trouve enfin le repos. Les pierres tumulaires sont si rapprochées les unes des autres qu'elles semblent former une espèce de pavé qui, bien que la voûte céleste soit le seul toit qui le protège, ressemble à celui de nos vieilles églises d'Angleterre, où les inscriptions sont si multipliées. Le contenu de ces tristes registres de la Mort, les regrets inutiles qu'ils retracent, le témoignage qu'ils rendent au néant de la vie humaine, l'étendue du terrain qu'ils couvrent, l'uniformité mélancolique de leur style : tout me rappela le tableau déroulé du prophète écrit en dehors et en dedans, et dans lequel on lisait : lamentations, regrets et malheur.

La majesté de la cathédrale ajoute à l'impression causée par ces accessoires. On en trouve le vaisseau un peu lourd, mais on sent en même temps que s'il était construit dans un style d'architecture plus léger et plus orné, l'effet en serait détruit. C'est la seule église cathédrale d'Écosse, si l'on en excepte celle de Kirkwall dans les îles Orcades, que la réformation ait épargnée. André vit avec orgueil l'impression que faisait sur moi la vue de cet édifice, et me rendit compte, ainsi qu'il suit, de sa conservation.

— C'est là une belle église, me dit-il; on n'y trouve pas de vos bizarres colifichets et enjolivemens. C'est un bâtiment solide, bien construit, et qui durera autant que le monde, sauf la poudre à canon et la main des méchans. Il a couru de grands risques lors de la réformation, quand on détruisit l'église de Perth et celle de Saint-André, parce qu'on voulait se débarrasser une bonne fois du papisme, de l'idolâtrie, des images, des surplis, et de tous les haillons de la grande prostituée qui s'asseoit sur sept collines, comme si une seule colline ne suffisait pas à son vieux derrière (1). Les habitans du bourg de Renfrew, des faubourgs et de la baronnie de Gorbals et de tous les environs se réunirent pour purger la cathédrale de ses impuretés papales; mais ceux de Glascow pensèrent que tant de médecins donneraient au malade une médecine un peu trop forte. Ils sonnèrent la cloche et battirent le tambour. Heureusement le digne Jacques Rabat était alors le doyen de la cor-

(1) On comprend par ce mot, que nous traduisons le plus chastement possible, combien le bon presbytérien en veut à la *Prostituée* de Rome, dont il parle dans le style des prédicateurs du temps. — Éd.

poration de Glascow. Il était lui-même bon maçon, et c'était une raison de plus pour qu'il désirât de conserver l'église. Les métiers s'assemblèrent, et dirent aux communes qu'ils se battraient plutôt que de laisser raser leur église comme on en avait rasé tant d'autres. Ce n'était point par amour du papisme. Non, non; qui aurait pu dire cela du corps des métiers de Glascow?— Ils en vinrent donc bientôt à un arrangement. On convint de dénicher les statues idolâtres des saints (la peste les étouffe), et ces idoles de pierres furent brisées selon le texte de l'écriture, et jetées dans l'eau du Molendinar (1), et la vieille église resta debout et appropriée comme un chat à qui on vient d'ôter les puces, et tout le monde fut content. Et j'ai entendu dire à des gens sages que si on en avait fait autant pour toutes les églises d'Écosse, la réforme en serait tout aussi pure, et nous aurions plus de véritables églises de chrétiens; car j'ai été si long-temps en Angleterre que rien ne m'ôterait de la tête que le chenil d'Osbaldistone-Hall vaut mieux que la plupart des maisons de Dieu qu'on voit en Écosse (2).

En parlant ainsi, André me précéda dans le temple.

(1) Ruisseau qui passe à Glascow. — Éd.

(2) André, espèce de Sancho Pança presbytérien, prodigue dans son discours la conjonction copulative *et* pour singer les saintes écritures. — Éd.

CHAPITRE XX.

—

> « Une terreur soudaine a glacé tous mes sens ;
> » Je n'ose pénétrer sous cette voûte sombre,
> » Vrai palais de la mort, funèbres monumens,
> » Où........................ »
>
> *L'Épouse en deuil.*

Malgré l'impatience de mon guide, je ne pus m'empêcher de m'arrêter pour contempler pendant quelques minutes l'extérieur de l'édifice, rendu plus imposant par la solitude où nous laissèrent les portes en se fermant après avoir, pour ainsi dire, dévoré la multitude qui tout à l'heure remplissait le cimetière, et dont les voix, se mêlant en chœur, nous annonçaient les pieux exercices du culte. Le concert de tant de voix, auxquelles la distance prêtait une grave harmonie, en ne laissant point parvenir à mon oreille les discordances qui l'eussent blessée de plus près, le ruisseau qui y mêlait son murmure, et le vent gémissant entre les vieux sapins : tout me paraissait sublime. La nature, telle qu'elle est invoquée par le roi-prophète dont on chantait les psaumes, semblait aussi s'unir aux fidèles pour offrir à son Créateur cette louange solennelle dans laquelle la crainte et la joie se confondent. J'ai entendu en France le service divin célébré avec tout l'éclat que la plus belle musique, les plus riches costumes, les plus imposantes cérémonies pouvaient lui donner. Mais la simplicité du culte presbytérien a produit sur moi bien plus d'effet : ce concert d'actions de graces m'a paru si supérieur à la routine du chant dicté aux musiciens, que le culte écossais me semble avoir tous les avantages de la réalité sur le jeu d'un acteur (1).

Comme je restais à écouter ces accens solennels, André, dont l'impatience devenait importune, me tira par la manche : — Venez, monsieur, venez donc, nous troublerons le service si nous entrons trop tard, et si les bedeaux nous trouvent à nous promener dans le cimetière pendant l'office divin, ils nous arrêteront comme des vagabonds, et nous conduiront au corps-de-garde.

D'après cet avis, je suivis mon guide ; mais, comme je me disposais à entrer dans le chœur de la cathédrale : — Par ici, monsieur, s'écria-t-il, par cette porte. Nous n'entendrions là haut que des discours de morale aussi secs et insipides que les feuilles de rue (2) à Noël. Des-

(1) Nous aurions beau jeu à discuter cette question en nous aidant du *Génie du christianisme* ; mais déjà dans plusieurs notes de *Waverley*, nous avons eu l'occasion de réfuter certaines *hérésies* du même genre. — Éd.

(2) La rue (*ruta*) est une plante qui dans sa verdeur a une saveur amère et âcre. — Éd.

cendez, c'est ici que nous goûterons la saveur de la vraie doctrine.

Il me conduisit alors vers une petite porte cintrée, gardée par un homme à figure grave, qui semblait sur le point de la fermer au verrou, et nous descendîmes un escalier par lequel nous arrivâmes sous l'église, local singulièrement choisi, je ne sais pourquoi, pour l'exercice du culte presbytérien.

Figurez-vous, Tresham, une longue suite de voûtes sombres et basses, semblables à celles qui servent aux sépultures, dans d'autres pays, et consacrées ici depuis long-temps à cet usage. Une partie avait été convertie en église, et l'on y avait placé des bancs. Cette partie des voûtes ainsi occupée, quoique capable de contenir une assemblée de plus de mille personnes, n'était point proportionnée avec les caveaux plus sombres et plus vastes qui s'ouvraient autour de ce qu'on pourrait appeler l'espace habité. Dans ces régions désertes de l'oubli, de sombres bannières et des écussons brisés indiquaient les tombes de ceux qui avaient sans doute été autrefois princes dans Israël; et des inscriptions que pouvait à peine déchiffrer le laborieux antiquaire, invitaient le passant à prier Dieu pour les ames de ceux dont elles couvraient les dépouilles mortelles.

Dans ces retraites funèbres, où tout retraçait l'image de la mort, je trouvai une nombreuse assemblée s'occupant de la prière. Les presbytériens écossais se tiennent debout pour remplir ce devoir religieux, sans doute pour annoncer publiquement leur éloignement pour les formes du rituel romain; car, lorsqu'ils prient dans l'intérieur de leur famille, ils prennent la posture que tous les autres chrétiens ont adoptée pour s'adresser à la

Divinité, comme étant la plus humble et la plus respectueuse. C'était donc debout, et les hommes la tête découverte, que plus de deux mille personnes des deux sexes et de tout âge écoutaient, avec autant de respect que d'attention, la prière qu'un ministre, déjà avancé en âge et très-aimé dans la ville, adressait au ciel; peut-être était-elle improvisée, mais du moins elle n'était pas écrite (1).

Elevé dans la même croyance, je m'unis de cœur à la piété générale, et ce fut seulement lorsque la congrégation s'assit sur les bancs que mon attention fut distraite.

A la fin de la prière la plupart des hommes mirent leur chapeau ou leur toque, et tout le monde s'assit, c'est-à-dire tous ceux qui avaient le bonheur d'avoir des bancs, car André et moi, qui étions arrivés trop tard pour nous y placer, nous restâmes debout de même qu'un grand nombre de personnes, formant ainsi une espèce de cercle autour de la partie de la congrégation qui était assise. Derrière nous étaient les voûtes dont j'ai déjà parlé, et nous faisions face aux fidèles assemblés, dont les figures, tournées du côté du prédicateur,

---

(1) J'ai vainement cherché le nom de cet ecclésiastique. Je ne désespère pas cependant de voir ce point et quelques autres qui échappent à ma sagacité, éclairés par une des publications périodiques qui ont consacré leurs pages à commenter ces volumes, et dont les recherches et les bonnes intentions méritent ma gratitude particulière, comme ayant découvert plusieurs personnes et plusieurs faits liés à mes récits, et auxquels je n'avais même pas songé*.

* L'auteur cherche ici querelle à ceux qui ont voulu donner la *clef* de ses personnages : nous prendrons notre part du reproche pour nos notes et notre notice. — Éd.

étaient à demi éclairées par le jour de deux ou trois fenêtres basses de forme gothique.

À la faveur de cette clarté, on distinguait la diversité ordinaire des visages qui se tournent vers un pasteur écossais dans une occasion semblable. Presque tous portaient le caractère de l'attention, si ce n'était quand un père ou une mère rappelait les regards distraits d'un enfant trop vif, ou interrompait le sommeil de celui qui était porté à s'endormir. La physionomie un peu dure et prononcée de la nation, exprimant généralement l'intelligence et la finesse, s'offre à l'observateur avec plus d'avantage dans les actes de la piété ou dans les rangs de la guerre, que dans les réunions d'un intérêt moins sérieux. Le discours du prédicateur était bien propre à exciter les divers sentimens de l'auditoire; l'âge et les infirmités avaient affaibli son organe, naturellement sonore. Il lut son texte avec une prononciation mal articulée; mais, quand il eut fermé la Bible et commencé le sermon, son ton s'affermit, sa véhémence l'entraîna, et il se fit parfaitement entendre de tout son auditoire. Son discours roulait sur les points les plus abstraits de la doctrine chrétienne; sur des sujets graves et si profonds qu'ils sont impénétrables à la raison humaine, et qu'il cherchait pourtant à expliquer par des citations tirées des Écritures. Mon esprit n'était pas disposé à le suivre dans tous ces raisonnemens. Il y en avait même quelques-uns qu'il m'était impossible de comprendre. Cependant l'enthousiasme du vieillard produisait une grande impression sur ses auditeurs, et rien n'était plus ingénieux que sa manière de raisonner. L'Écossais se fait remarquer par son intelligence beaucoup plus que par sa sensibilité : aussi la logique agit-elle sur lui plus fortement que la rhétorique, et il lui est plus ordinaire de s'attacher à suivre des raisonnemens serrés et abstraits sur un point de doctrine, que de se laisser entraîner par les mouvemens oratoires auxquels ont recours les prédicateurs, dans les autres pays, pour émouvoir le cœur, mettre en jeu les passions, et s'assurer la vogue.

Parmi le groupe attentif que j'avais sous les yeux, on distinguait des physionomies ayant la même expression que celles qu'on remarque dans le fameux carton de Raphaël, représentant saint Paul prêchant à Athènes (1). Ici les sourcils froncés d'un zélé calviniste annonçaient le zèle et l'attention; ses lèvres légèrement comprimées, ses yeux fixés sur le ministre, semblaient partager avec lui le triomphe de ses argumens. Là, un autre, d'un air plus fier et plus sombre, affichait son mépris pour ceux qui doutaient des vérités qu'annonçait son pasteur, et sa joie des châtimens terribles dont il les menaçait. Un troisième, qui n'appartenait peut-être pas à la congrégation, et que le hasard seul y avait amené, paraissait intérieurement occupé d'objections; et un mouvement de tête presque imperceptible trahissait les doutes qu'il concevait. Le plus grand nombre écoutait d'un air calme et satisfait; on devinait qu'ils croyaient bien mériter de l'Église par leur présence et par l'attention qu'ils donnaient à un discours qu'ils n'étaient peut-être pas en état de comprendre. Presque toutes les femmes faisaient partie de cette dernière division de l'auditoire. Cependant les vieilles paraissaient écouter plus attentivement la doctrine abstraite qu'on leur développait, tandis que les jeunes permettaient quelquefois à leurs regards de se

(1) Carton qu'on admire encore à Hampton-court. — ÉD.

promener modestement sur toute l'assemblée; je crus même, Tresham, si ma vanité ne me trompait point, que quelques-unes d'entre elles reconnurent votre ami pour un Anglais, et le distinguèrent comme un jeune homme passablement tourné. Quant au reste de la congrégation, les uns ouvraient de grands yeux, bâillaient ensuite et finissaient par s'endormir, jusqu'à ce qu'un voisin scandalisé réveillât leur attention en leur pressant fortement le pied; les autres cherchaient à reconnaître les personnes de leur connaissance, sans oser donner de signes trop marqués de l'ennui qu'ils éprouvaient. Je reconnaissais çà et là, à leur costume, des montagnards dont les yeux se portaient successivement sur tout l'auditoire, avec un air de curiosité sauvage, sans s'inquiéter de ce que disait le ministre, parce qu'ils n'entendaient pas la langue dans laquelle il parlait, ce qui sera, j'espère, une excuse suffisante pour eux. L'air martial et déterminé de ces étrangers ajoutait à cette réunion un caractère qui, sans eux, lui aurait manqué. André me dit ensuite qu'ils étaient en ce moment en plus grand nombre que de coutume à Glascow, parce qu'il y avait dans les environs une foire de bestiaux.

Telles étaient offertes à ma critique les figures du groupe rangé sur les bancs de l'église souterraine de Glascow, éclairée par quelques rayons égarés qui, pénétrant à travers les étroits vitraux, allaient se perdre dans le vide des dernières voûtes en répandant sur les espaces plus rapprochés une sorte de demi-jour imparfait, et en laissant les coins les plus reculés de ce labyrinthe dans une obscurité qui les faisait paraître interminables.

J'ai déjà dit que je me trouvais debout dans le cercle

extérieur, les yeux fixés sur le ministre, et tournant le dos aux voûtes dont j'ai parlé plus d'une fois. Cette position m'exposait à de fréquentes distractions, car le plus léger bruit qui se faisait sous ces sombres arcades y était répété par mille échos. Je tournai plus d'une fois la tête de ce côté; et quand mes yeux prenaient cette direction, je trouvais difficile de les ramener dans une autre, tant notre imagination trouve de plaisir à découvrir les objets qui lui sont cachés, et qui n'ont souvent d'intérêt que parce qu'ils sont inconnus ou douteux. Je finis par habituer ma vue à l'obscurité dans laquelle je la dirigeais, et insensiblement je pris plus d'intérêt aux découvertes que je faisais dans ces retraites obscures qu'aux subtilités métaphysiques dont le prêcheur nous entretenait.

Mon père m'avait plus d'une fois reproché cette légèreté dont la source venait peut-être d'une vivacité d'imagination qui n'appartenait point à son caractère. Je me rappelai qu'étant enfant, lorsqu'il me conduisait à la chapelle pour y entendre les instructions de M. Shower, il me recommandait toujours de bien les écouter et de les mettre à profit. Mais en ce moment le souvenir des avis de mon père ne me donnait que de nouvelles distractions, en me faisant songer à ses affaires et aux dangers qui le menaçaient. Je dis à André, du ton le plus bas possible, de s'informer à ses voisins si M. Ephraïm Macvittie était dans l'église; mais André, tout attentif au sermon, ne me répondait qu'en me repoussant du coude pour m'avertir de garder le silence. Je reportai donc les yeux sur les auditeurs pour voir si, parmi toutes les figures qui, le cou tendu, se dirigeaient vers la chaire comme vers un centre d'attraction, je pourrais reconnaître le visage paisible et les traits imperturbables d'Owen ; mais, sous les larges chapeaux des citoyens de Glascow et sous les toques plus larges encore des Lowlanders du Lanarkshire, je ne vis rien qui ressemblât à la perruque bien poudrée, aux manchettes empesées et à l'habit complet couleur de noisette, insignes caractéristiques du premier commis de la maison de banque Osbaldistone et Tresham. Mes inquiétudes redoublèrent avec une nouvelle force, et je résolus de sortir de l'église, afin de pouvoir demander aux premières personnes qui en sortiraient si elles y avaient vu M. Ephraïm Macvittie. Je tirai André par la manche, et lui dis que je voulais partir : mais André montra dans l'église de Glascow la même opiniâtreté dont il avait fait preuve sur les montagnes de Cheviot, et ce ne fut que lorsqu'il eut reconnu l'impossibilité de me réduire au silence sans me répondre qu'il voulut bien m'informer qu'une fois entré dans l'église nous ne pouvions en sortir avant la fin de l'office, attendu qu'on en fermait la porte au commencement des prières, afin que les fidèles ne fussent pas distraits de leur dévotion. Après m'avoir donné cet avis en peu de mots, et d'un air d'humeur, il reprit son air d'importance et d'attention critique.

Je m'efforçais de faire de nécessité vertu et d'écouter aussi le sermon, quand je fus interrompu d'une manière bien singulière. Quelqu'un me dit à voix basse, par-derrière : — Vous courez des dangers dans cette ville.

J'étais appuyé d'un côté contre un pilier, j'avais André de l'autre; je me retournai brusquement, et je ne vis derrière nous que quelques ouvriers à la taille raide et à l'air commun. Un seul regard jeté sur eux m'assura que ce n'était aucun d'eux qui m'avait parlé. Ils étaient entièrement absorbés dans l'attention qu'ils donnaient au sermon, et ils ne remarquèrent même pas l'air d'inquiétude et d'étonnement avec lequel je les regardais. Le pilier massif près duquel je me trouvais pouvait avoir caché celui qui m'avait parlé à l'instant où il venait me donner cet avis mystérieux. Mais par qui m'était-il donné? pourquoi choisissait-on cet endroit? quels dangers pouvais-je avoir à craindre? C'étaient autant de questions sur la solution desquelles mon imagination se perdait en conjectures. Me retournant du côté du prédicateur, je fis semblant de l'écouter avec la plus grande attention. J'espérais par là que la voix mystérieuse se ferait encore entendre dans la crainte de ne pas avoir été entendue la première fois.

Mon plan réussit avant que cinq minutes se fussent écoulées, la même voix me dit tout bas :

— Écoutez, mais ne vous retournez pas.

Je restai immobile.

— Vous êtes en danger dans cette ville, reprit la voix, et je n'y suis pas moi-même en sûreté. Rendez-vous à minuit précis sur le pont, vous m'y trouverez : jusque-là restez chez vous et ne vous montrez à personne.

La voix cessa de se faire entendre, et je tournai la tête à l'instant. Mais celui qui parlait avait fait un mouvement encore plus prompt, et s'était vraisemblablement déjà glissé derrière le pilier. J'étais résolu à le découvrir s'il était possible, et sortant du dernier rang des auditeurs, je passai aussi derrière le pilier. Je n'y trouvai personne, et j'aperçus seulement quelqu'un qui traversait comme une ombre la solitude des voûtes que j'ai décrites. Il était couvert d'un manteau ; mais je ne pus distinguer si c'était un *cloack* des Lowlands ou un *plaid* des Highlands.

Je m'avançai pour poursuivre l'être mystérieux, qui glissa et disparut sous les voûtes comme le spectre d'un des morts nombreux qui reposaient dans cette enceinte. Je n'avais guère d'espoir d'arrêter dans sa fuite celui qui était déterminé à éviter une explication avec moi ; mais tout espoir fut perdu quand j'avais à peine fait trois pas en avant : mon pied heurta contre un obstacle inaperçu, et je tombai. L'obscurité qui était cause de ma chute me fut du moins favorable dans ma disgrace ; car le prédicateur, avec ce ton d'autorité que prennent les ministres presbytériens pour maintenir l'ordre parmi les auditeurs, interrompit son discours pour ordonner aux bedeaux d'arrêter celui qui venait de troubler la congrégation. Comme le bruit ne dura qu'un instant, on ne jugea probablement pas nécessaire d'exécuter cet ordre à la rigueur, ou l'obscurité qui avait causé mon accident couvrit aussi ma retraite ; je regagnai mon pilier sans que personne prît garde à moi. Le prédicateur continua son sermon, et il le termina sans nouvel événement.

Comme nous sortions de l'église avec le reste de la congrégation : — Voyez, me dit André qui avait retrouvé sa langue, voilà le digne M. Macvittie, mistress Macvittie, miss Alison Macvittie, et M. Thomas Macfin, qui va, dit-on, épouser miss Alison, s'il joue bien son rôle. Si elle n'est pas jolie, elle sera bien dotée.

Mes yeux, suivant la direction qu'il m'indiquait, se fixèrent sur M. Macvittie. C'était un homme âgé, grand, sec, des yeux bleus enfoncés dans la tête, ayant de gros sourcils gris, et, à ce qu'il me parut, un air dur et une physionomie sinistre qui me donnèrent malgré moi de la prévention contre lui. Je me souvins de l'avis qui m'avait été donné dans l'église *de ne me montrer à personne*, et je balançai à m'adresser à lui quoique je n'eusse aucun motif raisonnable de rien redouter de sa part, ou de le regarder comme suspect.

J'étais encore indécis quand André, qui prit mon incertitude pour de la timidité, s'avisa de m'encourager. —Parlez-lui, M. Francis, me dit-il, parlez-lui. Il n'est pas encore prévôt de Glascow, quoiqu'on dise qu'il le sera l'année prochaine. Parlez-lui, vous dis-je; il vous répondra civilement, pourvu que vous n'ayez pas d'argent à lui demander, car on dit qu'il est dur à la desserre.

Je fis sur-le-champ la réflexion que, si ce négociant était aussi avare et intéressé qu'André me le représentait, j'avais peut-être quelques précautions à prendre avant de me faire connaître à lui, puisque j'ignorais si mon père se trouvait son débiteur ou son créancier. Cette considération, jointe à l'avis mystérieux que j'avais reçu et à la répugnance que sa physionomie m'avait inspirée, me décida à attendre au moins le lendemain pour m'adresser à lui. Je me bornai donc à charger André de passer chez M. Macvittie, et d'y demander l'adresse d'un nommé Owen, qui devait être arrivé à Glascow depuis quelques jours, lui recommandant bien de ne pas dire qui lui avait donné cette commission, et de m'apporter la réponse à l'auberge où nous étions logés. Il me promit de s'en acquitter. Chemin faisant, il m'entretint de l'obligation où était tout bon chrétien d'assister à l'office du soir; — mais, Dieu me préserve!

8.

ajouta-t-il avec sa causticité ordinaire, quant à ceux qui ne peuvent se tenir tranquilles sur leurs jambes, et qui vont se les casser contre les pierres des tombeaux, comme s'ils en voulaient faire sortir les morts, il leur faudrait une église avec une cheminée.

CHAPITRE XXI.

—

« ...... Sur le Rialto, lorsque sonne minuit,
» Je dirige en rêvant ma course solitaire.
» Nous nous y reverrons........ »
OTWAY, *Venise sauvée.*

Agité de tristes pressentimens, sans pouvoir leur assigner une cause raisonnable, je m'enfermai dans mon appartement, et je renvoyai André, qui me proposa inutilement de l'accompagner à l'église de Saint-Enoch, où il me dit qu'un prêcheur, dont la parole pénétrait jusqu'au fond des ames, devait prononcer un sermon. Je me mis à réfléchir sérieusement sur le parti que j'avais à prendre. Je n'avais jamais été ce qu'on appelle superstitieux; mais je crois que tous les hommes, dans une position difficile et embarrassante, après avoir inutilement consulté leur raison pour se tracer une ligne de conduite, sont assez portés, comme par désespoir, à làcher les rênes à leur imagination et à se laisser entièrement guider, soit par le hasard, soit par quelque impression fantasque qui se grave dans leur esprit, et à laquelle ils s'abandonnent comme à une impulsion involontaire. Il y avait quelque chose de si repoussant dans les traits et la physionomie du marchand écossais, qu'il me semblait que je ne pouvais me confier à lui sans violer toutes les règles de la prudence. D'une autre part, cette voix mystérieuse que j'avais entendue, cette espèce de fantôme que j'avais vu s'évanouir sous ces voûtes sombres qu'on pouvait bien nommer — la vallée de l'ombre de la mort, — tout cela devait agir sur l'imagination d'un jeune homme qui, vous voudrez bien vous le rappeler, était aussi un jeune poète.

Si j'étais véritablement entouré de dangers, comme j'en avais été si secrètement averti, comment pouvais-je en connaître la nature, et apprendre les moyens de m'en préserver sans avoir recours à celui de qui je tenais cet avis, et à qui je ne pouvais soupçonner que de bonnes intentions? Les intrigues de Rashleigh se présentèrent plus d'une fois à ma pensée; mais j'étais parti d'Osbaldistone-Hall, et arrivé à Glascow si précipitamment que je ne pouvais supposer qu'il fût déjà instruit de mon séjour dans cette ville, encore moins qu'il eût eu le temps d'ourdir quelque trame perfide contre moi. Je ne manquais ni de hardiesse ni de confiance en moi-même; j'étais actif et vigoureux, et mon séjour en France m'avait donné quelque adresse dans le maniement des armes, qui, dans ce pays, fait partie de l'éducation de la jeunesse; je ne craignais personne corps à corps; l'assassinat n'était pas à redouter dans le siècle et dans le pays où je vivais, et le lieu du rendez-vous, quoique peu fréquenté pendant la nuit, était voisin de rues trop peuplées pour que je pusse redouter aucune violence. Je résolus donc de m'y rendre à l'heure indiquée, et de me laisser ensuite guider par ce que j'apprendrais et par les circonstances. Je ne vous cacherai pas, Tresham, ce que je cherchais alors à me cacher à moi-même, que j'espérais bien secrètement, presque à mon insu, qu'il pouvait exister quelque liaison, je ne savais ni comment ni par quels moyens, entre Diana Vernon et l'avis étrange qui m'avait été donné d'une manière si surprenante. Elle seule connaissait le but et l'objet de mon voyage. Elle m'avait avoué qu'elle avait des amis et de l'influence en Écosse. Elle m'avait remis un talisman dont je devais reconnaître la vertu, quand il ne me resterait plus d'autre ressource... Quelle autre que Diana Vernon pouvait connaître des dangers dont on prétendait que j'étais entouré, désirer de m'en préserver, et avoir les moyens d'y réussir? Ce point de vue flatteur, dans ma position très-équivoque, ne cessait de se présenter à mon esprit. Cette idée m'occupa avant le dîner; elle ne me quitta point pendant le cours de mon repas frugal, et me domina tellement pendant la dernière demi-heure, à l'aide peut-être de quelques verres d'excellent vin, que, pour m'arracher à ce que je regardais comme une illusion trompeuse, je repoussai mon verre loin de moi, me levai de table, saisis mon chapeau, et sortis de la maison comme un homme qui veut échapper à ses propres pensées. J'y cédais pourtant encore sans le savoir, même en ce moment, car mes pas me conduisirent insensiblement au pont sur la Clyde, lieu du rendez-vous assigné par mon invisible moniteur.

Je n'avais dîné qu'après le service du soir, car ma dévote hôtesse s'était fait un scrupule de préparer le repas pendant les heures destinées à l'office divin, et j'y avais consenti autant par complaisance pour elle que pour me conformer à l'avis qui m'avait été donné de *rester chez moi*. Mais l'obscurité qui régnait alors m'empêchait de craindre d'être reconnu par qui que ce fût, si toutefois il existait dans la ville de Glascow quelqu'un qui pût me reconnaître. Quelques heures devaient pourtant encore s'écouler avant le moment fixé pour mon rendez-vous. Vous jugez combien cet intervalle dut me paraître long et ennuyeux. Plusieurs groupes de personnes de tout âge, portant la sainteté du jour empreinte sur la figure, traversaient la grande prairie qui se trouve sur la rive droite de la Clyde, et qui sert de promenade aux habitans de Glascow. Peu à peu je fis attention qu'en allant et revenant sans cesse le long de la rivière je courais le risque de me faire remarquer par les passans, ce qui pouvait ne pas être sans inconvénient. Je m'éloignai de l'endroit qui était le plus fréquenté, et je donnai à mon esprit une sorte d'occupation, en m'appliquant successivement à chercher de toutes les parties de la prairie celle où je me trouvais le moins exposé à être vu. Cette prairie étant plantée d'arbres qui forment différentes allées, comme dans le parc de Saint-James à Londres, cette manœuvre puérile n'était pas difficile à exécuter.

Pendant que je me promenais dans une de ces avenues, j'entendis dans l'allée voisine une voix aigre que je reconnus pour celle d'André Fairservice. Me poster derrière un gros arbre pour m'y cacher, c'était peut-être compromettre un peu ma dignité; mais c'était le moyen le plus simple d'éviter d'en être aperçu et d'échapper à sa curiosité. Il s'était arrêté pour causer avec un homme vêtu d'un habit noir, et couvert d'un chapeau à larges bords, et sa conversation que j'entendis m'apprit qu'il parlait de moi, et qu'il faisait mon portrait. Mon amour-propre révolté me disait que c'était une caricature ; mais je ne pus m'empêcher d'y trouver quelques traits de ressemblance.

— Oui, oui, M. Hammorgaw, disait-il, c'est comme je vous le dis. Ce n'est pas qu'il manque de bon sens, il voit assez ce qui est raisonnable, c'est-à-dire par-ci par-là : un éclair, et voilà tout. Mais il a le cerveau fêlé, parce qu'il a la tête farcie de fariboles de poésie. Il préférera un vieux bois sombre au plus beau parterre, et le potager le mieux garni n'est rien pour lui en comparaison d'un ruisseau et d'un rocher. Il passera des journées entières à bavarder avec une jeune fille, nommée Diana Vernon, qui n'est ni plus ni moins qu'une païenne, une Diane d'Éphèse... ni plus ni moins, Dieu me préserve ! elle est cent fois pire, c'est une Romaine, une vraie Romaine ! Eh bien ! il restera avec elle plutôt que d'écouter sortir de votre bouche, M. Hammorgaw, ou de la mienne, des choses qui pourraient lui être utiles toute sa vie et encore après. Ne m'a-t-il pas dit un jour, pauvre aveugle créature ! que les psaumes de David étaient de l'excellente poésie ! Comme si le roi-prophète avait pensé à arranger des rimes comme des fleurs dans une plate-bande ! Dieu me préserve ! deux vers de Davie Lindsay valent mieux que tous les brimborions qu'il a jamais écrits. —

Vous ne serez pas surpris qu'en écoutant ce portrait de moi-même, je me sentisse tout disposé à surprendre

M. Fairservice par une bonne volée à la première occasion. Son interlocuteur ne l'interrompit guère que par quelques monosyllabes qui semblaient n'avoir d'autre but que de prouver son attention, comme : Vraiment ! ah ! ah ! Il fit pourtant une fois une observation un peu plus longue, que je n'entendis point, parce qu'il avait le verbe beaucoup moins élevé qu'André, et celui-ci s'écria : — Que je lui dise ce que je pense, dites-vous ? et qui paierait les pots cassés, si ce n'est André ? Savez-vous qu'il est *coléreux?* Montrez un habit rouge à un taureau, il le percera de ses cornes. Et au fond pourtant c'est un brave jeune homme ; je ne voudrais pas le quitter, parcequ'il a besoin d'un homme soigneux et prudent pour veiller sur lui. Et puis il ne tient pas la main bien serrée ; l'argent coule à travers ses doigts comme l'eau par les trous d'un arrosoir, et ce n'est pas une mauvaise chose d'être auprès de quelqu'un dont la bourse est toujours ouverte. Oh, oui, je lui suis attaché de tout cœur ; c'est bien dommage, M. Hammorgaw, que le pauvre jeune homme soit si peu réfléchi !

En cet endroit de la conversation, les deux interlocuteurs se remirent en marche, et je ne pus en entendre la suite. Le premier sentiment que j'éprouvai fut celui de l'indignation en voyant un homme à mon service s'expliquer si librement sur mon compte ; mais elle se calma quand je vins à penser qu'il n'existe peut-être pas un maître qui, s'il écoutait les propos de ses domestiques dans son antichambre, ne se trouvât soumis au scalpel de quelque anatomiste de la force de M. Fairservice. Cette rencontre ne me fut pas inutile ; elle me fit paraître moins longue une partie du temps que j'avais encore à attendre.

La nuit commençait à s'avancer, et ses épaisses ténèbres donnaient à la rivière une teinte sombre et uniforme qui s'accordait parfaitement avec la disposition de mon esprit. A peine pouvais-je distinguer le pont massif et antique jeté sur la Clyde, et dont je n'étais pourtant qu'à peu de distance. Ses arches étroites et peu élevées, que je n'apercevais qu'imparfaitement, semblaient des cavernes où s'engouffraient les eaux de la rivière, plutôt que des ouvertures pratiquées pour leur donner passage. On voyait encore de temps en temps briller le long de la Clyde une lanterne qui éclairait des familles retournant chez elles après avoir pris le seul repas que permette l'austérité presbytérienne les jours consacrés à la religion, repas qui ne doit avoir lieu qu'après l'office du soir. J'entendais aussi quelquefois le bruit de la marche d'un cheval qui reconduisait sans doute son maître à la campagne, après qu'il avait passé la journée du dimanche à Glascow. Un silence absolu, une solitude complète m'environnèrent bientôt, et ma promenade sur les rives de la Clyde ne fut plus interrompue que par le bruit des cloches qui sonnaient les heures.

Qu'elles étaient lentes au gré de mon impatience! Combien de fois ne me reprochai-je pas une folle crédulité! Ce rendez-vous ne pouvait-il pas m'avoir été donné par un insensé, par un ennemi? Ne m'exposais-je pas à être le jouet de l'un ou la victime de l'autre? Et cependant pour rien au monde je n'aurais voulu me retirer sans voir comment finirait cette aventure.

Enfin le beffroi de l'église métropolitaine me fit entendre le premier coup de minuit, et ce signal fut bientôt répété par toutes les horloges de la ville, comme une congrégation de fidèles répond au verset que le ministre vient d'entonner. Je m'avançai sur le quai qui conduit au pont avec un trouble et une agitation que je n'entreprendrai pas de décrire. A peine y étais-je arrivé, que je vis à peu de distance une figure humaine s'avancer vers moi. C'était la seule que j'eusse vue depuis plus d'une heure, et cependant rien ne pouvait m'assurer que ce fût l'être qui m'avait donné ce rendez-vous. Je marchai à sa rencontre avec la même émotion que s'il eût été l'arbitre de ma destinée, tant l'inquiétude et l'attente avaient mis d'exaltation dans mes idées! Tout ce que je pus distinguer en m'approchant, fut qu'il était de moyenne taille, mais en apparence nerveux et vigoureux, et couvert d'un grand manteau. Lorsque je fus près de lui, je ralentis le pas, et m'arrêtai dans l'attente qu'il m'adresserait la parole. Combien ne fus-je pas contrarié en le voyant continuer son chemin sans me parler! Je n'avais aucun prétexte pour entamer la conversation : car, quoiqu'il se trouvât sur le pont précisément à l'heure qui m'avait été fixée, il pouvait ne pas être mon inconnu. Je me retournai pour voir ce qu'il deviendrait. Il alla jusqu'au bout du pont, s'arrêta, eut l'air de chercher à s'assurer en regardant de l'autre côté du pont s'il ne verrait personne, et revint enfin sur ses pas. J'allai au-devant de lui, bien décidé pour cette fois à ne pas le laisser passer sans lui parler.

— Vous vous promenez un peu tard, monsieur, lui dis-je dès que je fus près de lui.

— Je viens à un rendez-vous, monsieur Osbaldistone, et je crois que vous en faites autant.

— C'est donc vous qui m'avez parlé ce matin dans l'église? Eh bien, qu'avez-vous à me dire ?

— Suivez-moi, vous le saurez.

— Avant de vous suivre, il faut que je sache qui vous êtes et ce que vous me voulez.

— Je suis un homme et je veux vous rendre service.

— Un homme ! C'est parler un peu trop laconiquement.

— C'est tout ce que je puis vous dire. Celui qui n'a point de nom, point d'amis, point d'argent, point de patrie, est du moins un homme, et celui qui a tout cela n'est pas davantage.

— C'est parler en termes trop généraux, et cela ne peut suffire pour m'inspirer de la confiance en un inconnu.

— Vous n'en saurez pas davantage. C'est à vous à voir si vous voulez me suivre et profiter du service que je puis vous rendre.

— Ne pouvez-vous donc me dire ici ce que vous avez à m'apprendre ?

— Je n'ai rien à vous dire. Ce sont vos yeux qui doivent vous instruire. Il faut vous résoudre à me suivre ou à rester dans l'ignorance.

L'étranger parlait d'un ton si ferme, si décidé, si froid, qu'il semblait indifférent à la confiance que je pourrais lui témoigner.

— Que craignez-vous, me dit-il d'un ton d'impatience ? croyez-vous que votre vie soit d'assez grande importance pour qu'on veuille vous la ravir ?

— Je ne crains rien, répliquai-je avec fermeté. Marchez, je vous suivrai.

Contre mon attente, il me fit rentrer dans l'intérieur de la ville; et nous semblions deux spectres muets qui en parcouraient les rues silencieuses. Je m'impatientais de ne pas arriver ; mon conducteur s'en aperçut.

— Avez-vous peur ? me dit-il.

— Peur ! répliquai-je. Je vous répéterai vos propres paroles. Pourquoi aurais-je peur ?

— Parce que vous êtes avec un étranger, dans une ville où vous n'avez pas un ami, où vous avez des ennemis.

— Je ne crains ni eux ni vous. Je suis jeune, actif, et armé.

— Je n'ai pas d'armes, mais un bras résolu n'en a jamais manqué. Vous dites que vous ne craignez rien ? Si vous saviez avec qui vous vous trouvez, vous ne seriez peut-être pas si tranquille.

— Pourquoi ne le serais-je pas ? Je vous répète que vous ne m'inspirez aucune crainte.

— Aucune...! cela peut être. Mais ne craignez-vous pas les conséquences qui pourraient résulter si l'on vous trouvait accompagné d'un homme dont le nom prononcé à voix basse dans cette rue en ferait soulever les pierres contre lui pour l'arrêter, et sur la tête de qui la moitié des habitans de Glasgow fonderaient l'édifice de leur fortune comme sur un trésor trouvé, s'ils parvenaient à me prendre au collet ; d'un homme enfin dont l'arrestation serait une nouvelle aussi agréable à Édimbourg que celle d'une bataille gagnée en Flandre.

— Et qui êtes-vous donc, pour que votre nom inspire tant de terreur ?

— Un homme qui n'est pas votre ennemi, puisqu'il s'expose à vous conduire dans un endroit où, s'il était connu, il ne tarderait pas à avoir les fers aux pieds et la corde au cou.

Je m'arrêtai et reculai un pas pour examiner mon compagnon plus attentivement et me tenir en garde contre lui, le manteau dont il était couvert ne me permettant pas de voir s'il était armé.

— Vous m'en avez trop dit ou trop peu, lui dis-je : trop pour m'engager à donner ma confiance à un étranger qui convient qu'il a à redouter la sévérité des lois du pays où nous nous trouvons ; trop peu, si vous ne me prouvez que leur rigueur vous poursuit injustement.

Il fit un pas vers moi. Je reculai involontairement, et mis la main sur la garde de mon épée.

— Quoi ! dit-il, contre un homme sans armes, contre un ami !

— Je ne sais encore si vous êtes l'un ou l'autre ; et, pour vous dire la vérité, vos discours et vos manières m'en font douter.

— C'est parler en homme. Je respecte celui dont le bras sait protéger la tête. Je serai donc franc avec vous. Je vous conduis à la prison.

— A la prison ! m'écriai-je. De quel droit ? par quel warrant (1) ? pour quel crime ? Vous aurez ma vie avant de me priver de ma liberté ; je ne ferai pas un pas de plus avec vous.

— Ce n'est pas comme prisonnier que je vous y conduis. Croyez-vous, ajouta-t-il avec un ton de fierté, que je sois un messager d'armes (2), un officier du shériff... ? Je vous mène voir un prisonnier de la bouche duquel vous apprendrez les dangers qui vous menacent ici. Votre liberté ne court aucun risque dans cette visite,

---

(1) Par quel *mandat judiciaire, mandat d'arrêt*. — Éd.

(2) Un huissier. — Éd.

mais il n'en est pas de même de la mienne. Je sais que je la hasarde; mais je m'en inquiète peu; je brave ce danger pour vous avec plaisir maintenant, parce que j'aime un jeune homme qui ne connaît pas de meilleur protecteur que son épée.

Nous étions alors dans la principale rue de la ville. Mon conducteur s'arrêta devant un grand bâtiment construit en grosses pierres, et dont chaque fenêtre était garnie d'une grille en fer.

— Que ne donneraient pas le prevôt et les baillis de Glascow, dit l'étranger, pour me tenir dans cette cage, les fers aux pieds et aux mains! Et cependant que leur en reviendrait-il? S'ils m'y enfermaient ce soir avec un poids de cent livres à chaque jambe, ils trouveraient demain la place vide, et leur locataire délogé : mais venez! qu'attendez-vous?

En parlant ainsi il frappa doucement à une espèce de guichet. Une voix semblable à celle d'un homme qui s'éveille cria de l'intérieur: — Qu'est-ce? Qui va là? que veut-on à une pareille heure? Je n'ouvrirai pas ; c'est contre les règles.

Le ton dont ces derniers mots furent prononcés et le silence qui les suivit prouvèrent que celui qui venait de parler ne songeait qu'à se rendormir. Mon guide s'approchant de la porte, lui dit à demi-voix : — Dougal l'ami, avez-vous oublié Grégarach?

— Diable, pas du tout! répondit-on vivement : et j'entendis le gardien intérieur se lever avec précipitation. Il eut encore une courte conversation à voix basse avec mon conducteur dans une langue qui m'était inconnue, après quoi j'entendis les verroux s'ouvrir, mais avec des précautions qui indiquaient qu'on craignait qu'ils ne fissent trop de bruit. Enfin nous nous trouvâmes dans ce qu'on appelait la salle de garde de la prison de Glascow. Un escalier étroit conduisait aux étages supérieurs, et deux autres portes servaient d'entrée dans l'intérieur de la prison. Toutes étaient garnies de gros verrous et de pesantes barres de fer; les murailles en étaient nues, sauf une agréable tapisserie de fers destinés aux prisonniers qu'on y amenait, à laquelle se joignaient des pistolets, des mousquets et autres armes défensives.

Me trouvant ainsi introduit inopinément et comme par fraude dans une des forteresses légales d'Écosse, je ne pus m'empêcher de me rappeler mon aventure du Northumberland, et de frissonner en envisageant les étranges incidens qui, sans que je me fusse rendu coupable, allaient encore m'exposer à une désagréable et dangereuse opposition avec les lois d'un pays que je ne visitais que comme étranger.

CHAPITRE XXII.

―

« Regarde autour de toi, vois ces sinistres lieux,
» C'est ici, jeune Astolphe, où l'homme malheureux
» Dont le seul crime, hélas! fut sa triste indigence.
» Vient, demi-mort de faim, attendre sa sentence.
» De ces sombres caveaux l'épaisse humidité,
» Du flambeau de l'espoir étouffe la clarté :
» A sa flamme mourante un fantôme ironique
» S'empresse d'allumer sa lampe fantastique,
» Afin que la victime en entr'ouvrant les yeux,
» Puisse trouver encor quelqu'aspect odieux. »

La Prison, acte I, scène III.

Dès que je fus entré, je jetai un regard inquiet sur mon conducteur; mais la lampe dans le vestibule répandait trop peu de clarté pour permettre à ma curiosité de distinguer parfaitement ses traits. Comme le geôlier tenait cette lampe à la main, ses rayons portaient directement sur sa figure, que je pus examiner, quoiqu'elle m'intéressât beaucoup moins. C'était une espèce d'animal sauvage, au regard dur, et dont le front et une partie du visage étaient ombragés par de longs cheveux roux. Ses traits étaient animés par une sorte de joie extravagante dont il fut transporté à la vue de mon guide. Je n'ai jamais rien rencontré qui offrît à mon esprit une image si parfaite d'un hideux sauvage adorant l'idole de sa tribu. Il grimaçait, riait, pleurait même : toute sa physionomie exprimait un aveugle dévouement qu'il serait impossible de peindre. Il ne s'expliqua d'abord que par quelques gestes et des interjections, comme : — Ohi! hai! oui, oui ; — Il y a long-temps *qu'elle* ne vous avait vu, — avec d'autres exclamations non moins brèves, exprimées dans la même langue qui avait servi à mon guide et à lui quand ils s'étaient expliqués ensemble sur le seuil de la porte. Mon guide reçut cet hommage avec le sang-froid d'un prince accoutumé aux respects de ses vassaux, et qui croit devoir les en récompenser par quelque marque de bonté. Il tendit la main au porte-clefs, et lui dit : — Comment cela va-t-il, Dougal?

— Ohi! ahi! s'écria Dougal en baissant la voix avec précaution, et en regardant autour de lui d'un air de crainte, est-il possible! Vous voir ici? Vous ici! Et qu'est-ce qu'il arriverait si les baillis venaient faire une ronde, les sales et vilains coquins qu'ils sont?

Mon guide mit un doigt sur sa bouche. — Ne craignez rien, Dougal, vos mains ne tireront jamais un verrou sur moi.

— Ces mains! non, non, jamais! on les lui couperait plutôt toutes deux! Mais quand retournerez-vous là-bas? Vous n'oublierez pas de le lui faire savoir. — *Elle* est votre pauvre cousin seulement au septième degré (1).

(1) C'est une locution toute particulière aux Highlands que cet

— Dès que mes plans seront arrêtés, je vous avertirai, Dougal.

— Et par sa foi! dès que vous le ferez, quand ce serait un samedi à minuit, elle jettera les clefs de la prison à la tête du prévôt, ou lui jouera un autre tour, et vous verrez si elle ne l'osera pas pourvu que le dimanche matin commence.

L'étranger mystérieux coupa court aux extases du porte-clefs, en lui adressant de nouveau la parole dans la langue inconnue dont il avait fait usage à la porte de la prison, et que j'appris ensuite être l'irlandais, l'erse ou le gaëlique, lui expliquant probablement ce qu'il exigeait de lui.

— Tout ce que vous voudrez. — Cette réponse annonça la disposition de Dougal à se conformer à toutes les volontés de mon guide. Il remonta la mèche de sa lampe pour nous procurer plus de lumière, et me fit signe de le suivre.

— Ne venez-vous pas avec nous? demandai-je à mon conducteur.

— Non. Je vous serais inutile, et il faut que je reste ici pour assurer votre retraite.

— Je ne puis soupçonner que vous vouliez m'entraîner dans quelque danger.

— Dans aucun que je ne partage avec vous.

Il prononça ces mots d'un ton d'assurance qui ne pouvait me laisser aucun doute.

Je suivis le porte-clefs, qui, laissant les portes ouvertes derrière lui, me fit monter par un escalier tour-

---

elle qu'emploie Dougal en parlant de *lui*-même. Le mot créature est *sous-entendu*, comme on dirait en style de syntaxe. — Éd.

nant, un *turnpike*, comme les Écossais l'appellent, et puis dans une étroite galerie, il ouvrit une des portes qui donnaient sur le passage, me fit entrer dans une petite chambre, et jetant les yeux sur un méchant grabat qui était dans un coin :

— *Elle* dort, me dit-il à voix basse en plaçant la lampe sur une petite table.

— Elle ! Qui ? pensai-je : eh quoi ! serait-ce Diana Vernon, que je vais trouver dans ce séjour de misère !

Je tournai les yeux vers le lit, et un seul regard me convainquit, non sans une sensation de plaisir, que mes craintes n'étaient pas fondées. Une tête qui n'était ni jeune ni belle, avec une barbe grise que le rasoir n'avait pas touchée depuis deux ou trois jours, m'ôta toute inquiétude à l'égard de Diana ; mais ce ne fut pas sans un chagrin bien vif que, tandis que le prisonnier frottait ses yeux en s'éveillant, je reconnus des traits bien différens, mais qui avaient aussi pour moi un intérêt bien puissant, ceux de mon pauvre ami Owen. Je me plaçai un moment hors de sa vue, de crainte que dans le premier moment de surprise il ne laissât échapper quelque exclamation bruyante qui eût répandu l'alarme dans ces tristes demeures.

L'infortuné formaliste, qui s'était jeté tout habillé sur son lit, se soulevant à l'aide d'une main, tandis qu'il ôtait de l'autre un bonnet de laine rouge qui lui couvrait la tête, dit en bâillant et d'un ton qui prouvait qu'il était encore à moitié endormi : — Je vous dirai au total, M. Dugwell (1), ou quel que soit votre nom, que si vous faites sur mon sommeil de semblables soustractions, je m'en plaindrai au lord prévôt.

(1) M. *Châtiebien*, en estropiant le nom de Dougal. — Tr.

— Il y a un gentleman qui veut vous parler, répondit Dougal qui avait repris le vrai ton bourru d'un geôlier; en place de l'air de joie et de soumission avec lequel il avait parlé à mon guide; et, faisant une pirouette sur le talon, il sortit de la chambre.

Il se passa quelques instans avant que le dormeur fût assez bien éveillé pour me reconnaître, et quand il fut assuré que c'était moi qu'il voyait, la consternation se peignit dans ses traits, parce qu'il crut qu'on m'envoyait partager sa captivité.

— Oh! M. Frank, quels malheurs vous avez causés à la maison et à vous-même! Je ne parle pas de moi, je ne suis qu'un zéro, pour ainsi dire; mais vous! vous étiez la somme totale des espérances de votre père, son *omnium*. Faut-il que vous, qui pouviez être un jour le premier homme de la première maison de banque de la première ville du royaume, vous vous trouviez enfermé dans une misérable prison d'Écosse, où l'on n'a pas même le moyen de brosser ses habits!

En parlant ainsi, il frottait avec sa manche, d'un air de dépit, un pan de cet habit noisette jadis sans tache, qui avait ramassé quelque poussière contre les murs; son habitude de propreté minutieuse contribuant à augmenter pour lui le désagrément de se trouver en prison.

— Grand Dieu! continua-t-il, quelle nouvelle pour la bourse! Il n'y en a pas eu une semblable depuis la bataille d'Almanza, où la somme des Anglais tués et blessés s'est montée au total de 5,000 hommes, sans faire entrer les prisonniers dans l'addition. Qu'y dira-t-on quand on apprendra que la maison Osbaldistone et Tresham a suspendu ses paiemens!

J'interrompis ses lamentations pour l'informer que je

n'étais pas prisonnier, quoique je pusse à peine lui expliquer comment il se faisait que je me trouvasse près de lui à une telle heure. Je ne pus mettre fin à ses questions qu'en lui faisant moi-même celles que me suggérait sa propre situation. Il ne me fut pas facile d'obtenir de lui des réponses très-précises; car Owen, comme vous le savez, mon cher Tresham, quoique fort intelligent dans tout ce qui concerne la routine commerciale, ne brillait nullement dans tout ce qui sortait de cette sphère.

Je parvins pourtant à apprendre ce qui suit, en somme totale :

— Mon père, faisant beaucoup d'affaires avec l'Écosse, avait à Glascow deux principaux correspondans. La maison Macvittie, Macfin et compagnie, lui avait toujours paru, ainsi qu'à Owen, obligeante et accommodante. Dans toutes leurs transactions ces messieurs avaient montré une déférence entière pour la grande maison anglaise, et s'étaient bornés à jouer le rôle du chacal, qui, après avoir chassé pour le lion, se contente de la part de la proie que ce dernier veut bien lui assigner. Quelque modique que fût leur portion du profit d'une affaire, ils écrivaient toujours qu'ils en étaient satisfaits ; et quelques peines, quelques démarches qu'elle eût occasionées, ils n'en pouvaient trop faire, selon eux, pour mériter l'estime et la protection de leurs honorables amis de Crane-Alley.

Un mot de mon père était pour Macvittie et Macfin aussi sacré que toutes les lois des Mèdes et des Perses. On n'y pouvait faire ni changement, ni innovations, ni observations. L'exactitude pointilleuse qu'Owen, grand partisan des formes, surtout quand il pouvait parler *ex cathedrâ*, exigeait dans les comptes et dans la correspondance, n'était même guère moins sacrée à leurs yeux. Toutes ces démonstrations de soumission et de respect étaient prises pour argent comptant par Owen; mais mon père, accoutumé à lire de plus près dans le cœur des hommes, y trouvait une bassesse et une servilité qui le fatiguaient, et avait constamment refusé de satisfaire à leurs sollicitations pour devenir ses seuls agens en Écosse. Au contraire, il donnait une bonne partie de ses affaires à une autre maison dont le chef était d'un caractère tout différent. C'était un homme dont la bonne opinion qu'il avait de lui-même allait jusqu'à la présomption, qui n'aimait pas plus les Anglais que mon père n'aimait les Écossais; qui ne voulait se charger d'aucune affaire que sous la condition d'une égalité parfaite dans le partage des bénéfices; enfin qui, en fait de formalités, tenait à ses idées autant qu'Owen était entier dans les siennes, et qui se mettait peu en peine de ce que pouvaient penser de lui toutes les autorités de *Lombard-Street* (1).

D'après un tel caractère, il n'était pas très-facile de faire des affaires avec M. Nicol Jarvie; et elles occasionaient quelquefois, entre la maison de Londres et celle de Glascow, de la froideur et même des querelles qui ne s'apaisaient que parce que leur intérêt commun l'exigeait. L'amour-propre d'Owen avait été plus d'une fois froissé dans ces discussions; il n'est donc pas étonnant qu'en toute occasion il appuyât de tout son crédit la maison discrète, civile et respectueuse de Macvittie,

---

(1) Quartier marchand à Londres dans la cité, comme est notre rue Saint-Denis. — Éd.

Macfin et compagnie, et qu'il ne parlât de Nicol Jarvie que comme d'un orgueilleux et impertinent colporteur écossais avec qui il était impossible de vivre en paix.

Il n'est pas surprenant qu'avec cette façon de penser, et dans les circonstances où se trouvait la maison de banque de mon père, par l'infidélité de Rashleigh, Owen, à son arrivée à Glascow, qui précéda la mienne de deux jours, crut devoir s'adresser aux correspondans dont les protestations réitérées de dévouement et de respect semblaient lui assurer l'indulgence et les secours qu'il venait demander. Un saint patron arrivant chez un zélé catholique ne serait pas reçu avec plus de dévotion qu'Owen le fut chez MM. Macvittie et Macfin. Mais c'était un rayon du soleil qu'un nuage épais ne tarda point à obscurcir. Concevant les meilleures espérances de cet accueil favorable, il peignit sans détour la situation de mon père à des correspondans si zélés et si fidèles. Macvittie fut étourdi de cette nouvelle, et Macfin, avant d'en avoir appris tous les détails, feuilletait déjà son livre-journal, afin de voir sans délai la situation respective des deux maisons. Il s'en fallait de beaucoup que la balance fût égale, et mon père se trouvait en débet pour une somme assez considérable. Leurs figures, déjà fort allongées, prirent sur-le-champ un aspect encore plus sombre; et tandis qu'Owen les priait de couvrir de leur crédit celui de la maison Osbaldistone et Tresham, ils lui demandèrent de les mettre à l'instant même à couvert de tout risque d'aucune perte; enfin s'expliquant plus clairement, ils exigèrent qu'il leur fît déposer entre les mains des effets pour une somme double de celle qui leur était due. Owen rejeta bien loin cette proposition, comme injurieuse pour sa maison, injuste pour les autres créanciers, et en se récriant contre leur ingratitude.

Les associés écossais trouvèrent dans cette discussion un prétexte pour s'emporter, pour se mettre dans une violente colère, et pour s'autoriser à prendre des mesures que leur conscience, ou du moins un sentiment de délicatesse, aurait dû leur interdire.

Owen, en qualité de premier commis d'une maison de banque, avait, comme c'est assez l'usage, une petite part dans les bénéfices, et par conséquent il était solidairement responsable des obligations qu'elle contractait. MM. Macvittie et Macfin ne l'ignoraient pas; et pour le déterminer à consentir aux propositions dont il avait été si révolté, ils eurent recours à un moyen sommaire que leur offraient les lois d'Écosse, et dont il paraît qu'il est facile d'abuser. Macvittie se rendit devant le magistrat, fit serment qu'Owen était son débiteur, et qu'il avait dessein de passer en pays étranger (1). En conséquence il obtint sur-le-champ un mandat d'arrêt contre lui, et depuis la veille le pauvre Owen était enfermé dans la prison où je venais d'être conduit d'une manière si étrange.

Tous les faits m'étant alors bien connus, la seule chose qui nous restât à examiner était la marche que je devais suivre, et cette question n'était pas facile à résoudre. Je voyais les dangers qui nous environnaient, mais la difficulté consistait à y porter remède. L'avis qui m'avait été donné semblait m'annoncer que ma sûreté personnelle serait en danger si je faisais des démarches publiques en faveur d'Owen. Celui-ci avait la

---

(1) Le même usage existe en Angleterre en certains cas. — Tr.

même crainte; et sa frayeur le portant à l'exagération, il m'assura qu'un Écossais, plutôt que de perdre un farthing (1) avec un Anglais, trouverait des moyens pour le faire arrêter, lui, sa femme, ses enfans, ses domestiques des deux sexes, et même ses hôtes étrangers. Les lois sont si sévères, si cruelles même dans presque tous les pays, et j'étais si peu au fait des affaires commerciales et judiciaires, que je ne pouvais me refuser tout-à-fait à croire son assertion. Mon arrestation aurait donné le coup de grace aux affaires de mon père. Dans cet embarras, il me vint à l'idée de demander à mon vieil ami s'il s'était adressé au second correspondant de mon père à Glascow.

— Je lui ai écrit ce matin, me répondit-il; mais si la langue dorée de Gallowgate m'a traité ainsi, que pouvons-nous attendre du négociant pointilleux de Salt-Market? Ce serait demander à un agent de change de renoncer à *son tant pour cent*. Tout ce que j'y gagnerai, ce sera peut-être une opposition à mon élargissement si Macvittie y consentait. Nicol Jarvie n'a pas même répondu à ma lettre, quoiqu'on m'ait assuré qu'on la lui avait remise en mains propres comme il allait à l'église. Se jetant alors sur son lit et se couvrant la tête des deux mains : — Mon pauvre cher maître! s'écria-t-il, mon pauvre cher maître! C'est pourtant votre obstination, M. Frank, qui est cause... Mais que Dieu me pardonne de vous parler ainsi dans votre malheur! C'est la volonté de Dieu, il faut s'y soumettre.

Toute ma philosophie, Tresham, ne put m'empêcher de partager la détresse du bon vieillard, et nous con-

---

(1) Un liard. — Tr.

fondîmes nos larmes. Les miennes étaient les plus amères, car ma conscience m'avertissait que les reproches qu'Owen m'épargnait n'eussent été que trop fondés, et que ma résistance à la volonté de mon père était la cause de tous ces revers.

Mes pleurs s'arrêtèrent tout à coup quand j'entendis frapper à coups redoublés à la porte extérieure de la prison. Je m'élançai hors de la chambre, et je courus au bord de l'escalier pour savoir ce dont il s'agissait. Je n'entendis que le porte-clefs qui parlait alternativement à voix haute et à voix basse : — Elle y va, elle y va, cria-t-il. Puis s'adressant à mon conducteur : *O hon-a-ri! O hon-a-ri!* que fera-t-elle maintenant; montez là-haut; cachez-vous derrière le lit du gentilhomme sassenach. — Elle vient aussi vite qu'elle peut. — *Ahellanay!* — C'est milord prévôt avec deux baillis, — deux gardes, — et le gouverneur de la prison. — Dieu les bénisse. — Montez, ou elle vous rencontrera. — Elle y va, elle y va..... La serrure est embarrassée (1).

Tandis que Dougal ouvrait bien malgré lui la porte de la prison, et tirait lentement les verrous l'un après l'autre, mon conducteur montait l'escalier, et il arriva dans la chambre d'Owen où je venais de rentrer. Il jeta les yeux autour de lui pour voir si elle offrait quelque endroit où il pût se cacher; mais n'en apercevant point : — Prêtez-moi vos pistolets, me dit-il..... Mais non, je n'en veux point, je puis m'en passer..... Quoi qu'il puisse arriver, ne vous mêlez de rien. Ne vous chargez pas de la défense d'un autre. Cette affaire ne regarde que moi,

---

(1) Il y a dans tout ce langage entrecoupé des exclamations écossaises intraduisibles. *O hon-a-ri* signifie : *hélas, mon chef!* — Éd.

et c'est à moi de m'en tirer. J'ai été quelquefois serré de bien près, de plus près encore qu'en ce moment.

En parlant ainsi, il jeta dans un coin de la chambre le manteau qui l'enveloppait, et se plaça à l'extrémité, en face de la porte, sur laquelle il ne cessait de fixer son regard pénétrant et déterminé; repliant un peu son corps en arrière pour concentrer ses forces, comme un coursier qui aperçoit la barrière qu'on va l'exciter à franchir. Je ne doutai pas un instant que son projet ne fût de se défendre contre le péril de quelque part qu'il vînt, en s'élançant brusquement sur ceux qui paraîtraient quand la porte serait ouverte, pour gagner la rue malgré toute résistance.

D'après son apparence de vigueur et d'agilité, on pouvait prévoir qu'il viendrait à bout de son projet, à moins qu'il n'eût affaire à des gens armés et qui voulussent faire usage de leurs armes. Il se passa un moment d'attente solennelle entre l'ouverture de la porte extérieure et celle de l'appartement où il entra — non des soldats avec la baïonnette au bout du fusil, ni des gardes de nuit avec des massues, des haches d'armes, ou des pertuisanes, mais une jeune fille d'assez bonne mine, tenant encore d'une main ses jupons qu'elle avait relevés pour ne pas les salir dans la rue, et portant de l'autre une lanterne sourde. Un personnage plus important se montra ensuite. C'était un magistrat, comme nous l'apprîmes bientôt, homme gros et court, portant une immense perruque, tout gonflé de sa dignité, et haletant d'impatience et de dépit.

—Belle chose! et très-convenable de me tenir à la porte une demi-heure, capitaine Stanchels, dit-il en s'adressant au geôlier en chef qui venait de s'approcher comme pour accompagner respectueusement le dignitaire;—il m'a fallu frapper à la porte de la prison, pour y entrer, aussi fort que frapperait quiconque en voudrait sortir, si cela leur servait à quelque chose, ces pauvres créatures!—Et qu'est-ce que je vois, qu'est-ceci? s'écriat-il; des étrangers dans la prison, à cette heure de la nuit!..... Porte-clefs, je tirerai cela à clair; Stanchels, soyez-en bien sûr. Fermez la porte, et je vais parler à ces messieurs. Mais d'abord il faut que je dise un mot à une vieille connaissance, M. Owen. Eh bien! M. Owen, comment va la santé?

—Le corps ne va pas mal, M. Jarvie, mais l'esprit est bien malade, répondit le pauvre Owen.

—Sans doute, sans doute; je le crois bien. C'est une aventure fâcheuse, surtout pour un homme qui tenait la tête si haute. Mais nous sommes tous sujets à des hauts et à des bas, M. Owen. Nature humaine! nature humaine!..... M. Osbaldistone est un brave homme! un honnête homme! mais j'ai toujours dit qu'il était de ceux qui feraient une belle cuiller ou qui gâteraient la corne, comme disait mon père le digne diacre. Or, le diacre me disait : Nick, mon fils Nick (il se nommait Nicol comme moi, de sorte que les gens qui aimaient les sobriquets nous appelaient lui le vieux Nick, et moi le jeune Nick) (1); Nick, disait-il, n'étendez jamais le bras si loin que vous ne puissiez le retirer.—J'en ai dit autant à M. Osbaldistone; mais il ne prenait pas mes avis en trop bonne part, et cependant c'était à bonne intention, très-bonne intention.

(1) *Old Nick*, nom familier que les Anglais donnent au diable: *le vieux Nick*. Voyez une note à ce sujet dans *Guy Mannering*, tom. II, pag. 131. — Éd.

Ce discours débité avec beaucoup de volubilité, et avec l'air de quelqu'un qui tire vanité d'un bon avis négligé, ne me donnait pas d'espoir de trouver de grands secours en M. Jarvie. Je reconnus pourtant bientôt que si ses manières manquaient un peu de délicatesse, le fond de son cœur n'en était pas moins excellent; car Owen s'étant montré offensé qu'il lui tînt ce langage dans sa situation présente, le banquier de Glascow lui prit la main, la secoua fortement, et lui dit:—Allons, allons, M. Owen, du courage! Croyez-vous que je serais venu vous voir à deux heures de la nuit, de la nuit du dimanche, et que j'aurais presque oublié le respect dû à ce saint jour, si je n'avais voulu que reprocher à un homme tombé de n'avoir pas pris garde où il marchait? Non, non! ce n'est pas là le genre du baïlli Jarvie, et ce n'était pas ainsi qu'agissait avant lui son digne père le diacre. Vous saurez donc que ma coutume invariable est de ne jamais m'occuper des affaires de ce monde le jour du sabbat; et quoique j'aie fait tout ce qui était en mon pouvoir pour ne pas songer de toute la journée à la lettre que vous m'avez écrite ce matin, j'y ai pensé malgré moi plus qu'au sermon. J'ai aussi l'habitude de me coucher tous les soirs à dix heures, dans mon lit à rideaux jaunes, à moins que je ne mange une morue chez un voisin, ou qu'un voisin ne me fasse compagnie à souper. Demandez à cette jeune égrillarde si ce n'est pas une règle fondamentale dans ma maison? Eh bien! je suis resté toute la soirée à lire de bons livres, des livres de dévotion, bâillant de temps en temps comme si j'avais voulu avaler l'église de Saint-Enoch, jusqu'à ce que j'eusse entendu le dernier coup de minuit. Alors il m'était permis de jeter un coup d'œil sur mon livre de compte, pour m'assurer où nous en étions ensemble; et comme ni le vent ni la marée n'attendent personne, j'ai dit à Mattie: — Prends la lanterne, ma fille; — et je me suis mis en route pour venir voir ce qu'on peut faire pour vous. Le bailli peut se faire ouvrir à toute heure les portes de la prison, comme le pouvait aussi son père le diacre, brave homme, à qui Dieu fasse paix!

Quoiqu'un profond soupir poussé par Owen, quand il entendit parler du livre de compte, m'apprît que la balance n'était pas encore en notre faveur de ce côté, et quoique le discours du digne magistrat annonçât un homme qui, plein de son mérite, triomphait de la supériorité de son jugement, cependant la franchise et la simplicité que j'y remarquai indiquaient un bon cœur, et me donnèrent quelque espérance. Il invita Owen à lui faire voir quelques papiers qu'il lui arracha presque de la main; s'étant assis sur le lit pour reposer ses jambes, comme il le dit, il déclara qu'il se trouvait fort à l'aise, et ayant fait approcher sa servante pour l'éclairer avec sa lanterne, il se mit à les lire avec attention, prononçant de temps en temps quelques mots à demi-voix, et entremêlant sa lecture de quelques interjections.

Mon guide mystérieux, le voyant occupé de cette manière, parut disposé à profiter de cette occasion pour prendre congé de nous sans cérémonie. Il posa un doigt sur ses lèvres en me regardant, et s'avança insensiblement du côté de la porte, de manière à exciter le moins d'attention possible. Ce mouvement n'échappa point à l'alerte magistrat, qui ne ressemblait guère à mon ancienne connaissance le juge Inglewood. Il soupçonna son projet, et le déconcerta sur-le-champ. — Stanchels, s'écria-t-il, veillez à la porte! ou plutôt fermez-la, poussez les verrous, et faites bonne garde en dehors.

Le front de l'étranger se rembrunit, et il parut de nouveau songer à effectuer sa retraite de vive force ; mais le bruit des verrous se fit entendre, probablement avant qu'il n'y fût décidé. Prenant alors un air calme, et croisant ses bras, il retourna au fond de la chambre et s'y assit sur une table.

M. Jarvie, qui paraissait expéditif en affaires, eut bientôt fini l'examen des papiers qu'Owen lui avait remis.—Eh bien ! M. Owen, lui dit-il alors, votre maison doit certaines sommes à MM. Macvittie et Macfin, attendu les engagemens qu'ils ont contractés pour l'affaire des bois de Glen-Cailziechat qu'ils m'ont retirée d'entre les dents, un peu grace à vous, M. Owen ; mais ce n'est pas ce dont il s'agit en ce moment. Ainsi donc votre maison leur doit ces sommes, et pour raison de cette dette ils vous ont logé sous le double tour de clef de Stanchels. Vous leur devez donc cette somme, et peut-être encore d'autres ; vous en devez peut-être aussi à d'autres personnes, peut-être à moi-même, bailli Nicol Jarvie.

—Je conviens, monsieur, dit Owen, que la balance du compte en ce moment est en votre faveur, mais vous voudrez bien faire attention.....

—Je n'ai le temps de faire attention à rien à l'heure qu'il est, M. Owen. Songez donc que nous sommes encore bien près du sabbat, que je devrais être dans un lit bien chaud, et qu'il y a de l'humidité dans l'air..... Ce n'est pas le moment de faire attention..... Enfin, monsieur, vous me devez de l'argent, il ne faut pas le nier, vous m'en devez plus ou moins. Cependant, M. Owen, je ne vois pas avec plaisir qu'un homme actif comme vous l'êtes, qui s'entend en affaires comme vous, se trouve retenu dans une prison, tandis qu'en continuant sa tournée, et en s'occupant de la besogne dont il s'est chargé, il arrangerait peut-être les choses de manière à tirer d'embarras les débiteurs et les créanciers. J'espère que vous en viendrez à bout, si l'on ne vous laisse pas pourrir dans cette geôle. Maintenant, monsieur, le fait est que si vous pouviez trouver quelqu'un qui souscrivît pour vous une caution de *judicio sisti*, c'est-à-dire qui garantisse que vous ne quitterez pas le pays, et que vous comparaîtrez devant la cour de justice quand vous y serez légalement appelé, vous seriez remis en liberté ce matin même.

— M. Jarvie, dit Owen, bien certainement, si je trouvais un ami qui voulût me rendre ce service, j'emploierais ma liberté d'une manière utile pour ma maison, et pour ceux qui ont des relations avec elle.

— Et bien certainement aussi vous ne manqueriez pas de comparaître au besoin, et de relever cet ami de son engagement?

— Je le ferais, fussé-je aux portes du tombeau, aussi sûr que deux et deux font quatre.

— Eh bien! M. Owen, je n'en doute point, et je vous le prouverai. Oui, je vous le prouverai. Je suis un homme soigneux, cela est connu; industrieux, toute la ville le sait. Je sais gagner des guinées, je sais les conserver, et j'en sais le compte, et je ne crains aucune maison de Salt-Market, ni même de Gallowgate. Je suis prudent, comme mon père le diacre (1) l'était avant

(1) Il est bon que le lecteur sache que ce titre ajouté si volontiers par le bailli au nom de son père, n'est nullement le titre d'une dignité ecclésiastique. Un *diacre* à Glascow est un chef de la

moi; mais je ne puis souffrir qu'un honnête homme, qui entend les affaires, qui peut réparer ou prévenir un malheur, se trouve comme cloué contre une porte sans pouvoir se secourir ni aider les autres : ainsi donc, M. Owen, c'est moi qui serai votre caution, caution *judicio sisti*, c'est-à-dire que vous vous représenterez, non pas *judicatum solvi*, c'est-à-dire que vous paierez, ce qui fait une grande différence : souvenez-vous-en bien.

M. Owen lui répondit que dans l'état actuel des affaires de la maison d'Osbaldistone et Tresham il ne pouvait s'attendre que personne voulût cautionner leurs paiemens; qu'au surplus il n'y avait aucune perte à craindre en définitive, et qu'il ne s'agissait tout au plus que d'un retard; que quant à lui il ne manquerait certainement pas à se présenter devant le tribunal dès qu'il en serait requis.

— Je vous crois, je vous crois, en voilà bien assez. Ce matin, à l'heure de déjeuner, vous aurez vos jambes libres. Maintenant voyons qui sont vos compagnons de chambrée, et par quel hasard ils se trouvent dans la prison à une pareille heure.

corporation des métiers. La ville est administrée par un *lord-prévôt*, trois *baillis-marchands*, deux *baillis des métiers*, le *doyen des marchands* (dean of the guild), le *diacre convocateur* (deacon-convener) avec les *conseillers* (municipaux). — Éd.

CHAPITRE XXIII.

> « Notre homme vint le soir,
> » Le soir dans sa demeure ;
> » Il fut surpris d'y voir
> » Quelqu'un à pareille heure.
> » Qui l'a donc fait entrer ?
> » Et dans cette demeure
> » Comment, à pareille heure,
> » A-t-il pu pénétrer ? »
>
> *Vieille ballade.*

Le magistrat, prenant la lumière des mains de sa servante, s'avança dans la chambre, lanterne en main, comme Diogène, et ne s'attendant probablement pas plus que ce fameux cynique à trouver un trésor dans le cours de ses recherches. Il s'approcha d'abord de mon guide mystérieux, qui restait dans une immobilité parfaite, assis sur la table, les yeux fixés sur la muraille, la tête haute, les bras croisés, ne montrant aucune inquiétude, et battant du talon, contre un des pieds de la table, la mesure d'un air qu'il sifflait. Son air d'assurance et de sang-froid mit en défaut pour un moment la mémoire et la sagacité du magistrat.

Enfin ayant promené sa lanterne autour du visage de l'inconnu : — Ah, ah !..... eh, eh !..... oh, oh ! s'écria le bailli, cela n'est pas possible !..... mais si pourtant.... non, non ; je me trompe..... je ne me trompe pas, ma foi !... comment ! c'est vous ; bandit ! catéran (1) ! Quel mauvais vent vous a fait tomber ici ? Est-il possible que soit vous ?

— Comme vous le voyez, bailli ; fut la réponse laconique de mon guide.

— En conscience, je crois avoir la berlue. Quoi, gibier de potence, c'est vous que je trouve dans la Tolbooth (2) de Glascow !.... Savez-vous ce que vaut votre tête !

— Hum ! bien pesée, elle peut valoir celle d'un prévôt, de quatre baillis, d'un secrétaire du conseil de ville, de six diacres, sans compter celles des Stentmasters (3).

— Effronté ! repentez-vous de vos péchés, car si je dis un mot....

— Cela est vrai, bailli, répondit l'inconnu en se levant et en croisant ses mains derrière le dos d'un air de *nonchalance;* mais vous ne direz pas ce mot.

(1) Pillard des Highlands. — Éd..

(2) Tolbooth, prison. — Éd.

(3) On appelle en Écosse Stentmasters les agens du fisc chargés d'établir la quotité de l'impôt personnel, ou capitation. — Éd.

— Je ne le dirai pas, monsieur?..... Et pourquoi ne le dirais-je pas? répondez-moi. Pourquoi ne le dirais-je pas?

— Pour trois bonnes raisons, bailli Jarvie..... La première, à cause de notre ancienne connaissance. La seconde, parce qu'il a existé autrefois à Stuckallachan une femme qui a fait un mélange de notre sang, soit dit à ma honte, car c'en est une pour moi d'avoir un cousin qui ne songe qu'à de méprisables gains, à régler des comptes, à monter des métiers, à faire mouvoir des navettes, comme un malheureux artisan... Enfin la dernière, parce que si vous faites un geste pour me trahir, avant que personne puisse venir à votre aide, vous êtes terrassé.

— Vous êtes un coquin déterminé, dit l'intrépide bailli; je vous connais, et vous le savez bien. On n'est pas en sûreté près de vous.

— Je sais aussi, bailli, que vous avez de bon sang dans les veines, et je serais fâché de vous faire le moindre mal. Mais il faut que je sorte d'ici libre comme j'y suis entré, ou l'on parlera encore dans dix ans de ce qui se sera passé cette nuit dans la prison de Glascow.

— Le sang est plus épais que l'eau (1), comme dit le proverbe, reprit Jarvie, et je sais ce que c'est que la parenté et l'alliance. Il n'est pas nécessaire de s'arracher les yeux les uns aux autres, quand on peut l'éviter. Ce serait une belle nouvelle à porter à la bonne femme de Stuckallachan, que de lui dire que son mari a rompu les os à son cousin, ou que son cousin a fait

---

(1) Proverbe écossais pour dire que le sang des proches est un sang précieux. — Éd.

serrer d'une corde le cou de son mari. Mais vous conviendrez, mauvais démon, que si ce n'était pas vous, j'aurais fait pendre aujourd'hui l'homme le plus terrible des Highlands.

— Vous auriez essayé de le faire, cousin, je conviens de cela : mais je doute que vous y eussiez réussi. Vous autres gens de la basse Écosse vous ne savez pas forger des fers assez pesans et assez solides pour nous autres montagnards.

— Ah! je vous réponds que je saurais vous trouver des bracelets et des jarretières qui vous iraient à merveille, et une cravate de chanvre bien serrée par-dessus le marché..... Personne dans un pays civilisé n'a fait ce que vous avez fait. Vous voleriez dans votre poche, plutôt que de ne rien prendre : je vous en ai averti.

— Eh bien, cousin! vous prendrez le deuil à mon enterrement.

— Le diable ne manquera pas d'y être en habit noir, Robin, et puis tous les corbeaux et les corneilles, je vous assure.... Mais dites-moi, que sont devenues les mille livres d'Écosse que je vous ai prêtées autrefois? quand les reverrai-je?

— Ce qu'elles sont devenues? répliqua mon guide après avoir fait semblant de réfléchir un instant; ma foi, je ne saurais trop le dire..... Qu'est devenue la neige de l'année dernière?

— Mais on en trouve encore sur le sommet du Schehallion, chien que vous êtes, vous n'en demeurez pas loin; faut-il que j'y aille chercher mon argent?

— Probablement, reprit le Highlander, car je ne

porte ni neige ni argent dans mon *sporran* (1), — mais quant à l'époque, ma foi ce sera quand le roi recouvrera ses droits, comme dit la chanson (2).

— Encore pire, Robin! reprit le bailli de Glascow, il y a de la trahison. Un traître déloyal! c'est le pire de tout..... Voudriez-vous nous ramener le papisme, et le pouvoir arbitraire, et la bassinoire, et les lois catholiques et les vicaires, et les horreurs du surplis, etc. (3). Mieux vaudrait retourner à votre ancien métier de *theft-boot*, de *blackmail*, de *spreaghs* et de *gill-ravaging*. — Mieux vaut voler des vaches que perdre les nations (4).

— Holà! l'ami, trêve de toute votre wigherie, reprit le Celte. Il y a long-temps que nous nous connaissons tous deux. J'aurai soin qu'on ménage votre banque, quand le Gillon-a-naillie (5) viendra balayer les boutiques et les vieux magasins de Glascow. Jusque-là, à moins que ce ne soit bien nécessaire, ne me voyez qu'autant que je voudrai être vu.

— Vous êtes un audacieux, Rob, et vous finirez par être pendu, je vous le prédis encore. Mais je ne veux pas imiter le méchant oiseau qui salit son propre nid, à

---

(1) La poche du philibeg dans le costume des Highlanders.—Éd.

(2) Commencement d'une chanson jacobite. — Éd.

(3) Allusion à des sobriquets ou désignations du jacobitisme. Éd.

(4) Le *theft-boot* est le recelage d'un vol. Voyez *Waverley*, tome Ier, pag. 158. Le *blackmail*, l'impôt des caterans des Highlands; le *spreagh*, une excursion de maraudeur; le *gill-ravaging*, le vol des bestiaux, etc. — Éd.

(5) Highlander armé pour une incursion. — Éd.

moins qu'une nécessité indispensable ne m'y force. Mais qui est celui-ci? ajouta-t-il en se tournant vers moi, quelque gill-ravager que vous avez enrôlé? Il a l'air d'avoir d'excellentes jambes pour courir les grands chemins, et un long cou pour être pendu.

— Mon bon M. Jarvie, dit Owen, qui, ainsi que moi, était resté muet d'étonnement pendant cette reconnaissance et ce singulier dialogue entre ces deux cousins extraordinaires, c'est le jeune M. Francis Osbaldistone, le fils unique du chef de notre maison, et qui devait y occuper la place qui a été confiée ensuite au misérable Rashleigh, si son obstination, ajouta-t-il en poussant un profond soupir, n'eût.....

— Oui, oui, dit le banquier écossais, j'ai entendu parler de ce jeune homme..... C'est donc lui que votre vieux fou voulait faire entrer dans le commerce, bon gré mal gré; et qui, pour ne pas se livrer à un travail honnête qui peut nourrir son homme, s'est associé à une troupe de comédiens ambulans? Eh bien, jeune homme! dites-moi, Hamlet le Danois, ou le spectre de son père, viendra-t-il cautionner M. Owen?

— Je ne mérite pas ce reproche, monsieur, lui dis-je, mais j'en respecte le prétexte; et le service que vous voulez bien rendre à mon digne et ancien ami m'inspire trop de reconnaissance pour que je puisse m'en offenser. Le seul motif qui m'a amené ici était de voir ce que je pourrais faire, peu de chose sans doute, pour aider M. Owen à arranger les affaires de mon père. Quant à mon éloignement pour le commerce, je n'en dois compte qu'à moi-même.

— Bien dit, mon brave! s'écria le Highlander. Je vous aimais déjà; maintenant je vous respecte, depuis que je connais votre mépris pour le comptoir, pour la navette et pour toutes ces viles occupations qui ne conviennent qu'à des ames basses.

— Vous êtes fou, Rob, dit le bailli, aussi fou qu'un lièvre de mars; et pourquoi un lièvre est-il plus fou au mois de mars qu'à la Saint-Martin? c'est ce que j'ignore. La navette! respectez-la, c'est à elle que vous devrez votre dernière cravate. Quant à ce jeune homme que vous poussez au diable au grand galop avec ses vers et ses comédies en croupe, croyez-vous que tout cela le tirera d'affaire plus que vos juremens et la lame de votre dirk, réprouvé que vous êtes? *Tityre, tu patulæ*, comme on dit, lui apprendra-t-il où trouver Rashleigh Osbaldistone? Macbeth avec tous ses kernes (1) lui apportera-t-il les 12,000 livres sterling qu'il faut à son père pour payer ses billets qui échoient d'aujourd'hui en dix jours, comme je viens de le voir dans les papiers de M. Owen? Dites! les lui procureront-ils eux tous avec leurs sabres, leurs épées, leurs André Ferrara, leurs targes de cuir, leurs brogues, leurs brochan (2) et leurs sporrans?

— Dix jours! m'écriai-je. Je tirai de ma poche à l'instant la lettre que m'avait donnée Diana Vernon, et le délai pendant lequel elle m'avait défendu de l'ouvrir se trouvant expiré, je me hâtai de rompre l'enveloppe; elle contenait une lettre cachetée qui, dans ma précipitation, s'échappa de mes mains. M. Jarvie la ramassa,

(1) *Kernes*, soldats; ancien mot celte. — Éd.

(2) *Brochan*, bouillie de farine d'avoine. — Le bailli désigne ironiquement les soldats de Macbeth (les Highlanders) par leur costume de guerre; — les brogues sont les brodequins des montagnards, etc. Voyez les notes de *Waverley*. — Éd.

en lut l'adresse d'un air d'étonnement, et, à ma grande surprise, la présenta à son cousin le montagnard, en disant :—C'est un bon vent que celui qui a amené cette lettre à son adresse, car il y avait dix mille contre un qu'elle n'y arriverait jamais.

Le Highlander, y ayant jeté un coup d'œil, rompit le cachet sans cérémonie, et se disposa à la lire.

Je l'arrêtai sur-le-champ. — Pour que je vous permette d'en faire la lecture, monsieur, il faut d'abord me prouver que cette lettre vous est destinée.

— Soyez tranquille, M. Osbaldistone, me répondit-il avec le plus grand sang-froid; rappelez-vous seulement le juge Inglewood, le clerc Jobson, M. Morris, et surtout votre serviteur Robert Cawmill, et la belle Diana Vernon. Rappelez-vous tout cela, et vous ne douterez plus que cette lettre ne soit pour moi.

Je restai comme stupéfait de mon manque de pénétration. Pendant toute la nuit, il m'avait semblé que sa voix ne m'était pas étrangère, que le peu que j'avais vu de ses traits ne m'était pas inconnu; et cependant il m'avait été impossible de me rappeler où j'avais pu le voir ou l'entendre. Mais en ce moment un trait de lumière sembla briller tout à coup à mes yeux. C'était bien Campbell lui-même; il n'était pas possible de le méconnaître; c'était bien son regard fier, ses traits prononcés, son air réfléchi, sa voix forte, le *brogue* d'Écosse avec son dialecte et ses tours de phrase (1) écossais qu'il dissimulait à volonté, mais qu'il reprenait sans y penser dans les momens d'émotion, et qui donnaient du piquant

(1). Dans un sens figuré, le brogue, chaussure des Celtes irlandais et des Highlanders, désigne aussi leur accent national. — Éd.

à ses sarcasmes, une véhémence particulière à ses discours : tout achevait de m'en convaincre. Quoiqu'il fût à peine de moyenne taille, ses membres annonçaient autant de vigueur que d'agilité, et auraient pu passer pour un modèle de perfection, s'ils n'eussent manqué de proportion sous deux rapports. Ses épaules étaient si larges, que, quoiqu'il n'eût pas trop d'embonpoint, elles détruisaient la régularité de sa taille ; et ses bras, quoique bien faits et nerveux, étaient si longs, qu'ils étaient presque une difformité. J'appris ensuite qu'il tirait vanité de ce dernier défaut, et qu'il se vantait que, lorsqu'il portait le vêtement des montagnards, il pouvait nouer les jarretières de son bas-de-chausse (1) sans se baisser. Il prétendait aussi qu'il en avait plus de facilité pour manier la claymore, et il est vrai que personne ne pouvait mieux s'en servir. Sans ce manque de symétrie dans son ensemble, il aurait pu être regardé comme un homme bien fait ; mais ces deux défauts lui donnaient un air sauvage, extraordinaire, presque surnaturel, et cet air me rappelait les contes que me faisait la vieille Mabel sur les Pictes qui ravagèrent autrefois le Northumberland ; race tenant le milieu entre les hommes et le diable ; et qui, ajoutait-elle, étaient (comme Campbell) remarquables par leur force, leur courage, leur agilité, la longueur de leurs bras et la largeur de leurs épaules.

En faisant attention à toutes les circonstances de l'entrevue que j'avais eue avec lui chez le juge Inglewood, je ne pus douter un instant que la lettre de Diana Ver-

(1) Les bandes roulées autour de la jambe nue dans le costume des Highlanders. — Éd.

non ne lui fût destinée. Il faisait partie sans doute des personnages mystérieux sur lesquels elle avait une secrète influence, et qui à leur tour en exerçaient une autre sur elle. Il était pénible de penser que le destin d'une personne si aimable pût être en quelque sorte lié à celui de gens de l'espèce de l'homme que j'avais devant les yeux, et cependant il me paraissait impossible d'en douter. Mais que pouvait faire ce Campbell pour les affaires de mon père ? Comme Rashleigh, à la prière de miss Vernon, avait trouvé moyen de le faire paraître quand sa présence avait été nécessaire pour me justifier de l'accusation de Morris, ne se pouvait-il pas qu'elle eût de même assez de crédit sur Campbell pour qu'il fît à son tour paraître Rashleigh ? D'après cette supposition, je lui demandai s'il savait où était mon perfide cousin, s'il y avait long-temps qu'il ne l'avait vu ?

Il ne me répondit pas directement.

— Ce qu'on me demande est un peu chatouilleux : mais n'importe, il faudra le faire. M. Osbaldistone, je ne demeure pas loin d'ici. Mon parent peut vous montrer le chemin. Venez me voir dans mes montagnes, je vous y recevrai avec plaisir, et il est probable que je pourrai être utile à votre père. Je suis pauvre ; mais l'esprit vaut mieux que la richesse... Cousin, si un tour dans nos montagnes ne vous fait pas peur, et que vous vouliez venir manger des tranches de mouton à l'écossaise, ou une cuisse de daim, venez avec ce gentilhomme sassenach jusqu'à Drymen ou Bucklivie ; venez plutôt jusqu'au clachan (1) d'Aberfoïl ; j'aurai soin qu'il s'y trouve quelqu'un pour vous conduire où je

---

(1) Nom que les montagnards donnent à leurs villages. — Éd.

serai alors... Qu'en dites-vous? Voilà mon pouce (1), je ne vous tromperai jamais.

— Non, non, Rob, répondit le prudent bourgeois, je ne m'éloigne pas ainsi des Gorbals. Je ne me soucie point d'aller dans vos montagnes sauvages, parmi vos jambes rouges (2) en kilt: cela ne convient ni à mon rang ni à ma place.

Au diable votre rang et votre place! La seule goutte de bon sang que vous ayez dans les veines vient de la bisaïeule de votre grand-oncle, qui fut *justifié* (3) à Dumbarton. Et vous pensez que vous dérogeriez en vous trouvant parmi nous?.... Écoutez-moi, je vous dois mille livres d'Écosse; eh bien! comme vous êtes un brave homme, après tout, venez avec ce Sassenach, et je vous paierai jusqu'au dernier plack et bawbie (4).

— Laissez là votre gentilhommerie, reprit le magistrat; — portez votre sang noble au marché, vous verrez combien on vous en donnera. — Mais, si j'allais vous rendre cette visite, paieriez-vous bien véritablement?

— Je vous le jure, dit le Highlander, par le tombeau de celui qui repose sous la pierre d'Inch-Cailleach (5)!

(1) Nous dirions en français: *Voilà ma main pour gage.*

(2) Les Highlanders étaient-ils ainsi appelés à cause des bandes rouges dont nous parlions dans une des deux notes précédentes, ou simplement à cause de leur nudité? l'étymologie est douteuse: on dit aussi que *red-shanks* est un mot corrompu de *raugh shanks*, jambes rudes, jambes fortes. Enfin d'autres appliquent l'épithète à leur chaussure, faite dans l'origine de peau non-tannée. — Éd.

(3) Pendu, supplicié. — Éd.

(4) Nous dirions jusqu'au dernier liard. — Éd.

(5) Une des îles du Loch Lomond où les Mag-Gregor avaient leur sépulture. — Éd.

— N'en dites pas davantage, Rob, n'en dites pas davantage. Nous verrons ce que nous pourrons faire..... Mais ne vous attendez pas que j'aille tout au fond des Highlands. Il faut que vous veniez nous trouver au clachan d'Aberfoïl, ou au moins à Bucklivie..... et surtout n'oubliez pas le nécessaire.

— Ne craignez rien, ne craignez rien. Je serai fidèle à ma parole, comme la lame de ma claymore qui ne m'en a jamais manqué... Mais il faut que je change d'air, cousin; celui de la tolbooth de Glascow ne convient pas à la constitution d'un Highlander.

— Je le crois, ma foi!... Si je faisais mon devoir, vous ne changeriez pas si tôt d'atmosphère; et, quand cela arriverait, vous ne gagneriez pas au change..... Qui m'aurait dit que j'aiderais jamais à échapper à la justice? Ce sera une honte éternelle pour ma mémoire et pour celle de mon père, le...

— Ta, ta, ta, ta! Que cette mouche ne vous pique pas, cousin; quand la boue est sèche, il ne s'agit que de la brosser : votre père, le brave homme ! savait tout comme un autre fermer les yeux sur les fautes d'un ami.

— Vous pouvez avoir raison, Rob, répondit le bailli après un moment de réflexion. Le diacre, mon père, que Dieu veuille avoir son ame!... était un homme sensé. Il savait que nous avons tous nos défauts, et il aimait à rendre service à ses amis. Vous ne l'avez donc pas oublié ?

Cette question fut faite à demi-voix et d'un ton où il y avait autant de burlesque que de pathétique.

— Oublié ! pourquoi l'aurais-je oublié ? C'était un

brave tisserand. C'est lui qui m'a fait ma première paire de bas... Mais allons, cousin.

> Donnez-moi mon chapeau, sellez-moi mon bidet,
> Ouvrez-moi votre porte, appelèz mon valet,
> Et laissez-moi partir, car, je dois vous le dire,
> De Dundee à la fin il faut que je me tire.

— Paix, monsieur, paix! s'écria le magistrat d'un ton d'autorité. Pouvez-vous bien chanter ainsi, étant si près du dimanche? Cette maison peut encore vous entendre chanter un autre air. Vous pouvez glisser avant d'en sortir... Stanchels, ouvrez la porte.

La porte s'ouvrit; nous sortîmes Campbell et moi: le geôlier vit avec surprise deux étrangers entrés sans qu'il s'en fût douté; mais M. Jarvie prévint ses questions, en lui disant:—Deux de mes amis, Stanchels, deux de mes amis. Nous descendîmes l'escalier, et nous entrâmes dans le vestibule, où l'on appela Dougal plus d'une fois; mais Dougal ne paraissait ni ne répondait.
— Si je connais bien Dougal, observa Campbell avec un sourire sardonique, il n'attend pas les remerciemens qu'on lui doit pour la besogne qu'il a faite cette nuit, et il est probablement déjà au grand trot dans le défilé de Ballamaha (1).

— Comment! comment! s'écria le bailli en colère. Et il nous laisse tous, et moi surtout, dans la tolbooth pour toute la nuit. Qu'on demande des marteaux, des leviers, des tenailles et des barres de fer; qu'on envoie chercher le diacre Yettlin le forgeron; qu'il sache que le bailli Jarvie a été enfermé dans la tolbooth par un

(1) Sur la route de Glasgow à Aberfoïl. — Éd.

vilain Highlander qu'il fera pendre aussi haut qu'Aman.

— Quand vous le tiendrez, dit gravement Campbell. Mais sûrement la porte n'est pas fermée.

Effectivement on reconnut que non-seulement la porte était ouverte, mais que Dougal, en emportant les clefs, avait pris soin que personne ne pût exercer, en son absence, les fonctions de portier.

— Cette créature a des éclairs de bon sens, chuchota Campbell: il savait qu'une porte ouverte pouvait m'être utile au besoin.

Nous nous trouvions alors dans la rue.

— Je vous dirai, d'après mon pauvre avis, Rob, dit M. Jarvie, que, si vous continuez à mener la même vie, vous feriez bien, en cas d'accident, de placer un de vos affidés dans chaque prison d'Écosse.

— Si un de mes parens était bailli dans chaque ville, cousin, cela me serait assez utile. Mais bonsoir ou bonjour, et n'oubliez pas le chemin d'Aberfoïl.

Sans attendre de réponse il entra dans une rue de traverse, près de laquelle nous nous trouvions, et l'obscurité nous le fit perdre de vue. A l'instant même nous entendîmes un coup de sifflet d'une nature toute particulière, et un autre y répondit

— Entendez-vous les diables des Highlands? dit M. Jarvie; ils se croient déjà sur les flancs du Ben-Lomond, où ils peuvent siffler et jurer sans s'inquiéter du jour du sabbat, mais.....

Quelque chose tombant avec bruit à ses pieds l'interrompit en ce moment.

— Dieu me protège!.... qu'est-ce que cela veut dire encore? Mattie, approchez donc la lanterne. En conscience! ce sont les clefs de la prison..... C'est bien, du moins. Il aurait coûté de l'argent pour en faire faire d'autres; et puis les questions : comment se sont-elles perdues? on en jaserait un peu trop..... Ah! si le bailli Grahame savait ce qui s'est passé cette nuit, ce ne serait pas une bonne affaire pour mon cou.

Comme nous n'étions qu'à quelques pas de la prison, nous y retournâmes pour rendre les clefs au concierge en chef, que nous trouvâmes dans le vestibule où il montait la garde, n'osant quitter ce poste avant de voir arriver celui qu'il avait envoyé aussitôt chercher pour remplacer le Celte fugitif Dougal.

Quand ce devoir fut rempli envers la ville, comme la demeure du digne magistrat se trouvait sur le chemin que je devais suivre pour rentrer dans mon auberge, je profitai de sa lanterne, et il profita de mon bras, secours qui ne lui était pas inutile dans des rues obscures et mal pavées. Le vieillard est ordinairement sensible aux moindres attentions qu'il reçoit du Jeune Homme. Le bailli me témoigna de l'intérêt, et me dit que puisque je n'étais pas de cette race de comédiens qu'il détestait au fond de l'ame, il serait charmé si je voulais venir le lendemain, ou plutôt le jour même, déjeuner avec lui et manger un hareng frais ou une tranche de veau sur le gril, ajoutant que je trouverais chez lui M. Owen, qui serait alors en liberté.

— Mais, mon cher monsieur, lui dis-je après avoir accepté son invitation en l'en remerciant, quelle raison aviez-vous donc pour croire que j'avais pris le parti du théâtre?

— C'est un imbécile bavard, nommé Fairservice, qui est venu chez moi un peu avant minuit pour me prier de donner ordre au crieur public de proclamer sur-le-champ dans toute la ville une récompense honnête à quiconque donnerait de vos nouvelles. Il m'a dit qui vous étiez, et m'a assuré que votre père vous avait renvoyé de chez lui, parce que vous ne vouliez pas travailler à ses affaires, et parce que vous composiez des vers, et que vous vouliez vous faire comédien. Il avait été amené chez moi par un nommé Hammorgaw, notre grand chantre, qui me dit que c'était une de ses connaissances. Je les ai chassés tous les deux par les épaules, en leur disant que ce n'était pas l'heure de venir me faire une pareille demande. A présent je vois ce qui en est, et ce Fairservice est une espèce de fou qui est mal informé sur votre compte. — Je vous aime, jeune homme, continua le bailli, j'aime un garçon qui secourt ses amis dans l'affliction. C'est ce que j'ai toujours fait, et c'est ce que faisait mon père le diacre ; puisse son ame être en paix ! Mais ne faites pas votre compagnie de ces Highlanders, mauvais bétail ! On ne peut mettre la main dans le goudron sans se noircir les doigts : souvenez-vous de cela. Sans doute l'homme le plus sage, le plus prudent, peut commettre des erreurs. Moi-même n'en ai-je pas commis cette nuit ? Voyons, combien ? Une..... deux..... trois. Oui, j'ai fait trois choses que mon père n'aurait pu croire, les eût-il vues de ses propres yeux.

Nous étions arrivés à la porte. Il s'arrêta avant d'entrer, et continua d'un ton contrit et solennel.

— D'abord j'ai pensé à mes affaires temporelles le jour du sabbat. Ensuite je me suis rendu caution d'un Anglais. Enfin j'ai laissé échapper un malfaiteur. Mais il y a du baume à Galaad, M. Osbaldistone. Mattie, je saurai bien rentrer seul conduisez M. O — chez la mère

Flyter, au coin de cette ruelle. Puis il ajouta tout bas : J'espère que vous serez sage avec Mattie. Songez que Mattie est fille d'un honnête homme, et qu'elle est petite cousine du laird de Limmerfield.

CHAPITRE XXIV.

« Votre seigneurie veut-elle bien accepter mes
» humbles services ? Je vous prie de me faire manger
» de votre pain, quelque noir qu'il soit, et boire de
» votre boisson, quelque faible qu'elle puisse être. Elle
» n'aura pas à se plaindre de son serviteur, et je ferai
» pour quarante shillings ce qu'un autre ne ferait
» que pour trois livres sterling. »

GREENE. *Tu Quoque.*

Je n'oubliai pas la recommandation que le bon bailli m'avait faite en me quittant, mais je ne crus pas me rendre coupable d'une grande incivilité en accompagnant d'un baiser la demi-couronne que je présentai à Mattie pour la récompenser de la peine qu'elle avait prise ; et — le fi ! fi ! donc, monsieur, — qu'elle m'adressa ne fut pas prononcé d'un ton qui exprimât une grande colère. Je frappai à coups redoublés à la porte de mistress Flyter, mon hôtesse, et j'éveillai successivement un ou deux chiens qui se mirent à aboyer, et deux ou trois têtes en bonnet de nuit, qui parurent aux fenêtres voisines pour me reprocher de violer la sainteté de la nuit du dimanche en faisant un pareil vacarme. Tandis que je tremblais que la ferveur de leur zèle ne fît pleuvoir sur ma tête une pluie semblable à celle dont Xantippe arrosa, dit-on, son époux, mistress Flyter s'éveilla elle-même, et commença à gronder, d'un ton qui n'était pas indigne de la femme de Socrate, deux ou trois traîneurs qui étaient encore dans la cuisine, leur disant que s'ils avaient ouvert la porte au premier coup, on n'aurait pas fait tout ce tapage.

Ces dignes personnages n'étaient pas pour rien dans le fracas; c'étaient le fidèle André Fairservice, son ami Hammorgaw et un autre individu, que j'appris ensuite être le crieur public de la ville. Ils étaient attablés autour d'un pot de bière, à mes dépens, comme le mémoire me le fit voir ensuite, et s'occupaient à convenir des termes d'une proclamation qu'on devait publier le lendemain dans toutes les rues, afin d'avoir des nouvelles de *l'infortuné jeune gentleman*, car c'est ainsi qu'ils avaient la bonté de me qualifier.

On peut bien croire que je ne dissimulai pas combien j'étais mécontent qu'on se mêlât ainsi de mes affaires; mais les transports de joie auxquels André se livra en me voyant ne lui permirent pas d'entendre l'expression de mon ressentiment. Il y entrait peut-être un peu de politique, et ses larmes sortaient certainement de cette noble source d'émotion, le pot de bière. Quoi qu'il en soit, cette joie tumultueuse qu'il éprouvait ou qu'il feignait d'éprouver lui sauva la correction manuelle que je lui destinais, d'abord pour les réflexions qu'il s'était permises sur mon compte en causant avec le chantre, et ensuite pour l'histoire impertinente qu'il était allé faire à M. Jarvie. Je me contentai de lui fermer la porte au nez lorsqu'il me suivit pour entrer avec moi dans ma chambre après avoir sur l'escalier béni vingt fois le ciel de mon retour, et m'avoir conseillé de ne pas sortir désormais sans qu'il m'accompagnât. Je me couchai très-fatigué et bien déterminé à me débarrasser le lendemain d'un drôle pédant et plein d'amour-propre, qui semblait disposé à remplir les fonctions de pédagogue, plutôt que celles de valet.

En conséquence, dès le matin, je fis venir André, et lui demandai ce que je lui devais pour m'avoir conduit à Glascow. M. Fairservice pâlit à cette demande, jugeant sans doute avec raison que c'était le prélude de son congé.

— Votre Honneur, me dit-il après avoir hésité quelques instans, ne pense pas,..... ne pense pas,..... que..... que.....

— Parlez, misérable, ou je vous brise les os.

Mais André, flottant entre la crainte d'augmenter la colère où il me voyait en me faisant une demande trop exagérée, et celle de perdre une partie du profit qu'il espérait en bornant ses prétentions à une somme au-dessous de celle que je pouvais être disposé à lui payer, se trouvait dans un embarras cruel entre ses doutes et ses calculs.

Enfin sa réponse sortit par l'effet de ma menace, comme on voit la salutaire violence d'un coup entre les deux épaules délivrer le gosier d'un morceau qui vient de s'y engager.

— Votre Honneur pense-t-il que dix-huit pennys *per diem*, c'est-à-dire par jour, soient un prix déraisonnable?

— C'est le double du prix ordinaire, et le triple de ce que vous méritez. N'importe, voilà une guinée. Maintenant vous pouvez vous occuper de vos affaires : les miennes ne vous regardent plus.

— Dieu me préserve! s'écria André : est-ce que vous êtes fou?

— Vous me le feriez devenir! je vous donne un tiers de plus que vous ne me demandez, et vous ouvrez de grands yeux comme si vous n'aviez pas ce qui vous est dû! Prenez votre argent, et retirez-vous.

— Mais, Dieu me préserve! en quoi ai-je offensé Votre Honneur?.... Certainement toute chair est fragile comme la fleur des champs. Mais songez donc que Fairservice vous est plus nécessaire qu'une planche de camomille dans un jardin d'apothicaire! Pour rien au monde vous ne devriez consentir à vous séparer de moi.

— Je ne sais, ma foi, si vous êtes plus fripon que fou. Ainsi votre dessein est de rester avec moi, que je le veuille ou non?

— C'est justement ce que je pensais. Si Votre Honneur ne sait pas ce que c'est que d'avoir un bon serviteur, je sais bien ce que c'est que d'avoir un bon maître, et que le diable soit dans mes jambes, Dieu me preserve! si mes pieds vous quittent. Voilà mes intentions, de court et de long. D'ailleurs vous ne m'avez pas donné un avertissement régulier de quitter ma place.

— Qu'appelez-vous votre place? Vous n'avez jamais été mon domestique à gages; vous ne m'avez servi que de guide, je ne vous ai demandé que de me conduire jusqu'ici.

— Je sais bien, dit-il d'un ton dogmatique, que je ne suis pas un domestique ordinaire, cela est très-vrai. Mais Votre Honneur sait qu'à sa sollicitation j'ai quitté une bonne place en une heure de temps. Un homme pouvait honnêtement, et en toute conscience, se faire vingt livres sterling par an, bon argent, dans le jardin d'Osbaldistone-Hall, et il n'était pas trop vraisemblable que j'y renonçasse pour une guinée. J'ai toujours cru qu'au bout du compte je resterais avec vous, et que ma nourriture, mes gages, mes gratifications et mes profits me vaudraient au moins tout autant.

— Allons! allons! repris-je, ces impudentes prétentions ne vous seront d'aucune utilité. Si vous les répétez encore, je vous prouverai que Thorncliff Osbaldistone n'est pas le seul de son nom qui sache user de la force de son bras.

En parlant ainsi toute cette scène me paraissait si ridicule que j'avais peine à conserver mon sérieux en dépit de la colère qui m'animait. Le drôle vit au jeu de ma physionomie l'impression qu'il avait produite, et ce fut pour lui un encouragement. Il jugea pourtant qu'il convenait de changer de ton, et de diriger une attaque contre ma sensibilité.

— En admettant, continua-t-il, que Votre Honneur puisse se passer d'un domestique fidèle, qui vous a servi vous et les vôtres pendant l'espace de vingt ans, je suis bien sûr qu'il n'entre pas dans votre cœur de le congédier à la minute, et dans un pays étranger : vous ne voudriez pas laisser dans l'embarras un pauvre diable qui s'est détourné de son chemin de quarante, cinquante, peut-être cent milles, uniquement pour vous tenir compagnie, et qui ne possède rien au monde que ce que vous venez de lui donner.

Je crois que c'est vous, Tresham, qui m'avez dit un jour que j'étais un obstiné dont il était facile, en certains cas, de faire tout ce qu'on voulait. Le fait est que ce n'est que la contradiction qui me rend opiniâtre, et quand je ne me trouve pas forcé à livrer bataille à une proposition, je suis toujours disposé à la laisser passer pour m'épargner la peine de la combattre. Je savais que André était intéressé, fatigant, plein d'un sot amour-propre; mais je ne pouvais me passer d'un domestique, et j'étais déjà tellement habitué à ses manières, que je finissais quelquefois par m'en amuser.

Dans l'indécision où ces réflexions me tenaient, je demandai à André s'il connaissait les routes et les villages du nord de l'Écosse, où je devais aller pour les affaires de mon père avec les propriétaires des bois de ce pays. Je crois que si je lui avais demandé le chemin du paradis terrestre, il se serait en ce moment chargé de m'y conduire; de sorte que je me trouvai ensuite fort heureux qu'il connût à peu près ce qu'il prétendait parfaitement connaître. Je fixai le montant de ses gages, et je me réservai expressément le droit de le renvoyer à volonté, en lui payant une semaine à titre d'indemnité. Je finis par lui faire une vive mercuriale sur sa conduite de la veille, et il me quitta d'un air qui tenait le milieu entre la confusion et le triomphe, sans doute pour aller raconter à son ami le chantre, qui l'attendait dans la cuisine en s'humectant les poumons, comment il était venu à bout du jeune fou d'Anglais.

Je me rendis ensuite chez le bailli Nicol Jarvie,

comme je le lui avais promis. Un déjeuner confortable m'attendait dans le salon, qui servait aussi au digne magistrat de salle à manger et de salle d'audience. Il avait tenu sa parole. Je trouvai chez lui mon ami Owen, qui, ayant largement fait usage de la brosse, du bassin et du rasoir, était un tout autre homme que Owen prisonnier, sale, triste et abattu. Cependant les inquiétudes et l'embarras qu'éprouvait la maison Osbaldistone et Tresham n'étaient pas dissipés, et l'embrassement cordial que je reçus du premier commis fut accompagné d'un gros soupir. Ses yeux fixes et son air sérieux et réfléchi annonçaient qu'il était occupé à calculer quel nombre de jours, d'heures et de minutes devaient s'écouler avant l'instant critique qui devait décider du sort d'un grand établissement commercial, et les probabilités pour et contre sa chute ou son maintien. Ce fut donc à moi à faire honneur au déjeuner de notre hôte, à son thé venant directement de la Chine, et qu'il avait reçu en présent d'un armateur de Wapping, à son café de la Jamaïque recueilli dans une jolie plantation à lui, appelée Salt-Grove, nous dit-il avec un air de malice, à sa bière d'Angleterre, à son saumon salé d'Écosse, et à ses harengs du Lochfine. Enfin sa nappe de damas avait été travaillée par les propres mains de feu son père le digne diacre Jarvie. Ayant fait l'éloge de tout, et le voyant en belle humeur par suite de cette petite attention, si puissante pour gagner l'esprit de bien des gens, je tâchai de tirer de lui à mon tour quelques renseignemens qui pouvaient être utiles pour régler ma conduite, et qui devaient satisfaire ma curiosité. Nous n'avions jusque-là fait aucune allusion aux événemens de la nuit précédente ; mais, voyant qu'il ne songeait pas à introduire ce sujet de conversation, je profitai d'une pause qui suivit l'histoire de la nappe travaillée par son père, pour lui demander, sans exorde, s'il pouvait me dire qui était ce M. Robert Campbell avec lequel nous nous étions trouvés la veille.

Cette question parut faire tomber de son haut le magistrat. Au lieu d'y répondre, il la répéta.

— Qui est M. Robert Campbell?.... Quoi!.... Qui est M. Robert Campbell?

— Sans doute, qui il est, quel est son état?

— Eh mais, il est.... Hem!.... Il est.... Mais où donc avez-vous connu M. Robert Campbell comme vous l'appelez?

— Je l'ai rencontré par hasard, il y a quelques mois, dans le nord de l'Angleterre.

— Eh bien alors, M. Osbaldistone, vous le connaissez aussi bien que moi.

— Cela n'est pas possible, M. Jarvie, car il paraît que vous êtes son ami, son parent?

— Il y a bien entre nous quelque cousinage, me dit-il du ton d'un homme à qui l'on tire des paroles malgré lui, mais depuis que Rob a quitté le commerce des bestiaux, je l'ai vu très-rarement. Le pauvre diable a été bien maltraité par des gens qui auraient été plus sages d'agir différemment, et ils n'y ont rien gagné, ils ne sont pas à s'en repentir. Ils aimeraient mieux le voir encore à la queue de trois cents bœufs qu'à la tête d'une trentaine de vauriens.

— Mais tout cela, mon cher M. Jarvie, ne m'apprend pas le rang de M. Robert Campbell dans le monde, ses habitudes, ses moyens d'existence.

— Son rang? dit M. Jarvie, c'est un gentilhomme des

Highlands. Il n'en existe pas de plus noble. Ses habitudes sont de porter le costume des montagnards quand il est dans son pays, et des culottes quand il vient à Glascow. Quant à ses moyens d'existence, qu'avons-nous besoin de nous en inquiéter, puisqu'il ne nous demande rien ? Mais je n'ai pas le temps de vous parler de lui davantage. Ce sont les affaires de votre père qui demandent toute notre attention en ce moment.

En parlant ainsi, il s'assit devant un bureau pour examiner les états de situation et toutes les pièces à l'appui que M. Owen crut devoir lui communiquer sans réserve. Quoique je n'eusse que de bien faibles connaissances en affaires, j'en savais assez pour sentir que toutes ses observations étaient judicieuses ; et, pour lui rendre justice, je dois ajouter qu'elles annonçaient de temps en temps des sentimens nobles et libéraux. Il se gratta l'oreille plus d'une fois en voyant la balance du compte établie entre sa maison et celle de mon père.

— Ce peut être une perte, dit-il, c'en peut être une, une perte importante pour un négociant de Salt-Market de Glascow, quoi qu'en puissent penser vos marchands d'argent de Lombard-Street à Londres. Ce serait un bâton hors de mon fagot ; et un beau bâton. Mais malgré cela je n'imiterai jamais ces corbeaux de Gallowgate. J'espère que je n'en irai pas moins droit. Si vous me faites perdre, je me souviendrai que vous m'avez fait gagner. Au pis-aller, je n'attacherai pas la tête de la truie à la queue du pourceau.

Je n'entendais pas trop ce dernier proverbe, mais je voyais bien clairement que M. Jarvie prenait un véritable intérêt aux affaires de mon père. Il suggéra divers expédiens, approuva diverses démarches qui furent pro posées par Owen, et parvint à dissiper un peu le sombre nuage qui couvrait le front du fidèle délégué de la maison de mon père.

Comme j'étais en cette occasion spectateur à peu près inutile, et que j'avais plus d'une fois essayé de reporter la conversation sur M. Robert Campbell, sujet qui ne paraissait pas du goût de M. Jarvie, il me congédia sans beaucoup de cérémonie, en m'engageant à aller voir la bibliothèque du collège.

— Vous y trouverez, me dit-il, des gens qui vous parleront grec et latin; du moins on a dépensé assez d'or et d'argent pour les mettre en état de le faire. Et puis vous pourrez y lire des vers, par exemple la traduction des saintes Écritures par le digne M. Zacharie Boyd. Ce sont les meilleurs qu'on ait jamais faits, à ce que m'ont dit des personnes qui s'y connaissent ou qui doivent s'y connaître. Mais surtout revenez dîner avec moi, à une heure précise. Nous aurons un gigot de mouton, et peut-être une tête de bélier; n'oubliez pas, à une heure. C'est l'heure à laquelle mon père le diacre et moi nous avons toujours dîné, et nous ne l'avons jamais retardée pour quelque raison et pour quelque personne que ce fût.

CHAPITRE XXV.

―――

« Tel le pasteur de Thrace, armé d'un fer aigu,
» Guette le sanglier auprès d'un bois touffu;
» Il devine sa marche à travers le feuillage,
» Et voit de loin plier la branche à son passage :
» Ah voici, se dit-il, mon cruel ennemi,
» Un de nous deux enfin va succomber ici. »

DRYDEN. *Palémon et Arcite.*

JE pris le chemin du collège, comme M. Jarvie m'y avait engagé, moins dans l'intention d'y trouver quelque objet qui pût m'intéresser ou m'amuser, que pour mettre mes idées en ordre, et méditer sur ma conduite future. J'errai dans ce vieil édifice d'un carré à l'autre (1), et de là dans les *colleges-yards* (2), ou promenade; charmé de la solitude du lieu, la plupart des étudians

(1) Les cours quadrangulaires du collège. — ÉD.
(2) Le jardin ou parc de l'université. — ÉD.

étant dans les classes, je fis plusieurs tours en réfléchissant sur la bizarrerie de ma destinée.

D'après toutes les circonstances qui avaient accompagné ma première entrevue avec Campbell, je ne pouvais douter qu'il ne fût engagé dans quelque entreprise désespérée, et la scène de la nuit précédente, jointe à la répugnance de M. Jarvie à parler de lui et de sa manière de vivre, tendait à confirmer ce soupçon. Il paraissait pourtant que c'était à cet homme que Diana Vernon n'avait pas hésité de s'adresser en ma faveur, et la conduite du magistrat envers lui offrait un singulier mélange de blâme et de pitié, de respect et de mépris. Il fallait donc qu'il y eût quelque chose d'extraordinaire dans la position et dans le caractère de Campbell; mais ce qui l'était davantage, c'était que sa destinée parût devoir influer sur la mienne, et s'y unir étroitement. Je résolus de serrer de près M. Jarvie à la première occasion, et de tirer de lui tous les détails que je pourrais en obtenir sur ce mystérieux personnage, afin de juger si je pouvais, sans compromettre mon honneur, avoir avec lui les relations qui semblaient devoir s'établir entre nous.

Tandis que je me livrais à ces réflexions, j'aperçus, au bout de l'allée dans laquelle je me promenais, trois personnes qui semblaient tenir une conversation très-animée. Cette sorte de pressentiment, qui souvent nous annonce l'approche de ceux que nous aimons ou que nous haïssons fortement, convainquit mon esprit avant mes yeux que l'individu qui se trouvait au milieu était le détestable Rashleigh. Mon premier mouvement fut d'aller le trouver à l'instant; le second, d'attendre qu'il fût seul, ou du moins de tâcher de voir quels étaient ses compagnons. Ils étaient si éloignés de moi, et si occupés de l'affaire qu'ils discutaient, que j'eus le temps de passer derrière une haie sans qu'ils m'aperçussent.

C'était alors la mode, parmi les jeunes gens, de porter par-dessus leurs vêtemens, dans leurs promenades du matin, un manteau écarlate souvent brodé et galonné, et de l'arranger de manière à se couvrir une partie de la figure. Grace à cette mode que j'avais adoptée, et à la faveur de la haie derrière laquelle je me trouvais, et qui séparait les deux allées où nous nous promenions, je passai presque à côté de mon cousin, sans qu'il me remarquât autrement que comme un étranger que le hasard avait amené dans le même lieu. Quelle fut ma surprise en reconnaissant dans ses deux compagnons ce même Morris, sur la dénonciation duquel j'avais paru devant le juge de paix Inglewood, et le banquier Macvittie, dont l'aspect m'avait prévenu la veille si défavorablement !

Je n'aurais pu me former l'idée d'une réunion de plus mauvais augure pour mes affaires et celles de mon père. Je n'avais pas oublié la fausse accusation de Morris contre moi, et je pensais qu'en l'intimidant il ne serait pas plus difficile de le déterminer à la renouveler qu'il ne l'avait été de le décider à la retirer. Macvittie, furieux d'avoir vu son prisonnier lui échapper, pouvait être disposé à entrer dans tous les complots, et je les voyais tous deux réunis à un homme dont les talens pour faire le mal n'étaient à mon avis guère inférieurs à ceux du malin esprit, et qui m'inspirait une horreur que rien ne pouvait égaler.

Quand ils se furent éloignés de quelques pas, je me retournai pour les suivre. Au bout de l'allée ils se séparèrent : Morris et Macvittie s'en allèrent ensemble, et Rashleigh revint sur ses pas. J'étais bien résolu à le joindre, et à lui demander réparation de l'abus de confiance dont il s'était rendu coupable envers mon père, quoique j'ignorasse encore de quelle manière il pourrait le réparer. Je ne m'arrêtai point à faire de réflexions sur ce sujet : je rentrai dans l'allée où il se promenait d'un air rêveur, et je me montrai inopinément à ses yeux.

Rashleigh n'était pas un homme à se laisser surprendre ni intimider par aucun événement imprévu. Cependant, en me voyant tout à coup devant lui, le visage enflammé par l'indignation qui m'animait, il ne put s'empêcher de tressaillir.

— Je vous trouve à propos, monsieur, lui dis-je, à l'instant où j'allais commencer un long voyage dans l'espoir incertain de vous rencontrer.

— Vous connaissez donc bien mal celui que vous cherchez, me répondit Rashleigh avec son flegme ordinaire : mes amis me trouvent aisément ; mes ennemis plus facilement encore. Votre ton m'oblige à vous demander dans laquelle de ces deux classes je dois ranger M. Francis Osbaldistone ?

— Dans celle de vos ennemis, monsieur, de vos ennemis mortels, à moins que vous ne rendiez justice à l'instant même à votre bienfaiteur, à mon père ; et que vous ne restituiez ce que vous lui avez enlevé.

— Et à qui, s'il vous plaît, M. Osbaldistone, moi qui ai un intérêt dans la maison de commerce de votre père, dois-je rendre compte de mes opérations dans des affaires qui sont devenues les miennes ? Ce n'est sûrement pas à un jeune homme à qui son goût exquis en littérature rendrait ces discussions fatigantes et inintelligibles?

—Une ironie, monsieur, n'est pas une réponse. Je ne vous quitterai pas que vous ne m'ayez donné pleine satisfaction. Il faut que vous me suiviez chez un magistrat.

— Très-volontiers.

Il fit quelques pas comme s'il avait eu dessein de m'y accompagner, et puis s'arrêtant tout à coup :

— Si j'étais porté à faire ce que vous désirez, vous verriez bientôt lequel de nous a plus de raisons pour craindre la présence d'un magistrat. Mais je ne veux pas accélérer votre destin. Allez, jeune homme, amusez-vous de vos visions poétiques, et laissez le soin des affaires à ceux qui les entendent et qui sont en état de les conduire.

Je crois que son intention était de me provoquer, et il en vint à bout. — M. Rashleigh, lui dis-je, ce ton de calme et d'insolence ne vous réussira point. Vous devez savoir que le nom que nous portons tous deux ne subit jamais volontairement l'humiliation, et jamais il ne sera exposé en ma personne.

—Vous me rappelez qu'il l'a été dans la mienne, s'écria-t-il en me lançant un regard féroce, et par qui il a été souillé de cette tache. Croyez-vous que j'aie oublié la soirée où vous m'avez impunément outragé à Osbaldistone-Hall? Vous me rendrez raison de cet outrage qui ne peut se laver que dans le sang; nous aurons aussi une explication sur l'obstination avec laquelle vous avez toujours contrarié mes desseins, et sur la folle persévérance qui vous porte à contre-carrer en ce moment des projets qui vous sont inconnus, et dont vous êtes incapable d'apprécier l'importance. Un jour viendra, monsieur, où vous aurez à m'en rendre compte.

—Quand ce jour sera arrivé, monsieur, vous me trouverez tout disposé. Mais parmi vos reproches vous oubliez le plus important : j'ai aidé le bon sens et la vertu de miss Vernon à démêler vos artifices, à reconnaître votre infamie.

Je crois qu'il aurait voulu m'anéantir par les éclairs qui partaient de ses yeux. Cependant le son de sa voix ne perdit rien du calme qu'il avait affecté pendant cette conversation.

—J'avais d'autres vues pour vous, jeune homme, des vues moins hasardeuses, plus conformes à votre caractère et à votre éducation. Mais je vois que vous voulez attirer sur vous le châtiment que mérite votre insolence puérile. Suivez-moi donc dans un endroit plus écarté, où nous ne courions pas le risque d'être interrompus.

Je le suivis, ayant l'œil sur tous ses mouvemens; car je le croyais capable de tout. Il me conduisit dans une espèce de jardin planté à la manière hollandaise, en partie entouré de haies, et dans lequel il se trouvait deux ou trois statues. Je me tenais en garde, et j'avais bien raison de le faire, car son épée était à deux doigts de ma poitrine avant que j'eusse eu le temps de tirer la mienne, et je ne dus la vie qu'à quelques pas que je fis en arrière. Il avait sur moi l'avantage des armes, car son épée était plus longue que la mienne, et à triple tranchant comme on les porte généralement aujourd'hui, tandis que la mienne était ce qu'on appelait alors une lame saxonne étroite, plate, et moins facile à manier que celle de mon ennemi. Sous les autres rapports la partie était égale; car, si j'avais l'avantage de l'adresse et de l'agilité, il avait plus de vigueur et de sang-froid. Il se battait pourtant avec plus de fureur que de courage, avec un dépit concentré et une soif de sang cachée sous un air de tranquillité qui donne aux plus grands crimes un nouveau caractère d'atrocité, en les faisant paraître le résultat d'une froide préméditation. Le désir qu'il avait de triompher ne le mit pas un instant hors de garde, et il n'oublia jamais de se tenir sur la défensive, tout en méditant les plus vives attaques.

Je me battis d'abord avec modération. Mes passions étaient violentes, mais non haineuses; et une marche de trois ou quatre minutes m'avait donné le temps de réfléchir que Rashleigh était neveu de mon père, que le sien m'avait témoigné de l'amitié à sa manière, et que, si je le perçais d'un coup mortel, je plongeais dans le deuil toute sa famille. Mon premier projet fut donc de tâcher de désarmer mon adversaire; et, plein de confiance dans les leçons d'escrime que j'avais prises en France, je ne croyais pas devoir éprouver beaucoup de difficulté dans cette manœuvre. Mais je ne tardai pas à reconnaître que j'avais affaire à forte partie; et, m'étant vu deux fois sur le point d'être touché, je fus obligé de songer à la défensive. Peu à peu la rage avec laquelle Rashleigh cherchait à m'arracher la vie m'enflamma de colère, et je ne songeai plus à user de ménagement. Enfin, l'animosité étant égale des deux côtés, notre combat semblait ne devoir finir que par la mort de l'un de nous. Peu s'en fallut que je ne fusse la victime. Mon pied glissa, je ne pus parer une botte que Rashleigh me porta en ce moment, et son épée traversant mon habit effleura légèrement mes côtes; mais il avait allongé ce coup avec une telle force, que la garde de l'épée, me frappant violemment la poitrine, me causa une vive douleur, et me fit croire que j'étais blessé à mort. Altéré de vengeance, et convaincu qu'il ne me restait qu'un instant pour la satisfaire, je saisis de la main gauche la poignée de son épée, et levant la mienne de la droite, j'étais sur le point de l'en percer, quand un nouvel acteur parut sur la scène.

Soudain un homme se jeta entre nous, et nous séparant, il s'écria d'une voix d'autorité:—Quoi! les fils de ceux qui ont sucé le même lait veulent répandre leur sang, comme si ce n'était pas le même qui coulât dans leurs veines! Par le bras de mon père! celui qui portera le premier coup périra de ma main.

Je le regardai d'un air de surprise : c'était Campbell. Tout en parlant il brandissait sa lame écossaise autour de lui, comme pour nous annoncer une médiation armée. Rashleigh et moi nous gardions le silence. Campbell alors nous adressa la parole successivement.

—M. Francis, croyez-vous rétablir les affaires et le crédit de votre père en coupant la gorge de votre cousin, ou en restant étendu dans le parc du collège de Glascow?—Et vous, M. Rashleigh, croyez-vous que les hommes de bon sens confieront leur vie et leur fortune à un homme qui, chargé de grands intérêts politiques, se prend de querelle comme un ivrogne? Ne me regardez pas de travers, M. Rashleigh; et, si vous trouvez mauvais ce que je vous dis, vous savez que vous êtes le maître de quitter la partie.

—Vous abusez de ma situation, répondit Rashleigh; sans cela vous n'oseriez vous mêler d'une affaire où mon honneur est intéressé.

—Je n'oserais! Allons donc! Et pourquoi n'oserais-je? Vous pouvez être plus riche que moi, j'en conviens; plus savant, je ne le nie point : mais vous n'êtes ni plus beau, ni plus brave, ni plus noble; et ce sera une nouvelle pour moi quand on m'apprendra que vous valez mieux..... Je n'oserais! j'ai pourtant déjà osé bien des choses! je crois que j'ai fait autant de besogne qu'aucun de vous deux, et je ne pense plus le soir à ce que j'ai fait le matin.

Rashleigh pendant ce discours s'était rendu maître de sa colère; il avait repris son air calme et tranquille. — Mon cousin reconnaîtra, dit-il, qu'il a provoqué cette querelle; je n'y ai pas donné lieu. Je suis charmé que vous nous ayez séparés avant que je lui eusse donné une leçon plus sévère.

—Êtes-vous blessé? me demanda Campbell avec une apparence d'intérêt.

—Ce n'est qu'une égratignure, répondis-je; et mon digne cousin ne s'en serait pas vanté long-temps si vous ne fussiez arrivé.

—En bonne conscience, M. Rashleigh, dit Campbell, c'est une vérité, car l'acier allait faire connaissance avec le plus pur de votre sang quand j'ai arrêté le bras de M. Francis. Ainsi ne faites pas sonner bien haut votre victoire, et n'ayez pas l'air d'une truie jouant de la trompette (1). Mais allons, qu'il n'en soit plus question; suivez-moi : j'ai à vous apprendre des nouvelles, et vous vous refroidirez comme la soupe de Mac-Gibbon quand il la met à la fenêtre.

—Excusez-moi, monsieur, m'écriai-je, vous m'avez témoigné de l'amitié et rendu service en plus d'une occasion; mais je ne puis consentir à perdre de vue ce

---

(1) Cette expression proverbiale vulgaire rappelle l'*asinus ad lyram* des Latins, et l'*onos luras* (ὄνος λύρας) des Grecs. — Éd.

misérable avant qu'il m'ait rendu les papiers qu'il a volés à mon père, et qu'il l'ait mis par là en état de remplir ses engagemens.

— Jeune homme, dit Campbell, vous êtes fou. Vous aviez tout à l'heure à vous défendre des attaques d'un seul homme, voulez-vous maintenant en avoir deux contre vous?

— Vingt s'il le faut. Il me suivra.

En parlant ainsi, je saisis Rashleigh par le collet: il ne m'opposa aucune résistance; et, se tournant vers Campbell, il lui dit avec un air dédaigneux : — Vous le voyez, Mac-Grégor, il se précipite au-devant de sa destinée! Est-ce ma faute s'il ne veut pas s'arrêter? Les mandats sont maintenant délivrés et tout est prêt.

Le montagnard parut embarrassé. Il regarda derrière lui, à droite, à gauche, et dit : — Jamais je ne consentirai un instant qu'il soit tourmenté pour avoir pris les intérêts de son père; et je donne la malédiction de Dieu et la mienne à tous les magistrats, juges de paix, prévôts, baillis, shériffs, officiers de shériffs, constables, enfin à tout le bétail noir qui depuis un siècle est la peste de l'Écosse. C'était un heureux temps quand chacun se chargeait de faire respecter ses droits, et que le pays n'était pas empoisonné de cette maudite engeance. Mais je vous le répète, ma conscience ne me permet pas de souffrir qu'il soit vexé, et surtout de cette manière. J'aimerais mieux vous voir de nouveau mettre l'épée à la main et vous battre en honnêtes gens.

— Votre conscience, Mac-Grégor! dit Rashleigh avec un sourire ironique: vous oubliez que nous nous connaissons depuis long-temps.

— Oui, ma conscience, répéta Campbell, ou Mac-

Grégor, quel que fût son nom. Oui, M. Rashleigh, j'en ai une, et c'est ce qui fait que je vaux mieux que vous. Quant à notre connaissance, si vous me connaissez, vous savez quelles sont les causes qui m'ont fait ce que je suis ; et quoi que vous en pensiez, je ne changerais pas ma situation avec celle du plus orgueilleux des persécuteurs qui m'ont réduit à n'avoir sur ma tête d'autre toit que la voûte des cieux. Moi, je vous connais aussi ; je sais ce que vous êtes ; mais pourquoi êtes-vous ce que vous êtes, c'est ce que vous savez seul, et ce que nous n'apprendrons qu'au dernier des jours. Maintenant, M. Francis, lâchez son collet, car il a raison de dire que vous seriez plus en danger que lui devant un magistrat. Soyez bien sûr que, quelque blanc que vous puissiez être, il trouverait le moyen de vous faire paraître plus noir qu'un corbeau. Ainsi donc, comme je vous le disais, lâchez son collet.

Il joignit le geste à l'exhortation, et me tirant vigoureusement par le bras à l'improviste, il débarrassa Rashleigh, et, me retenant dans ses bras, m'empêcha de le saisir de nouveau : — Allons, M. Rashleigh, dit-il en même temps, profitez du moment. Une bonne paire de jambes vaut deux bonnes paires de bras. Ce n'est pas la première fois que vous vous en serez servi.

— Cousin, dit Rashleigh, vous pouvez remercier Mac-Grégor si je ne vous paie pas ma dette tout entière. Si je vous quitte en ce moment, c'est dans l'espoir de trouver bientôt une occasion pour m'acquitter envers vous sans courir le risque d'être interrompu.

En parlant ainsi, il essuya son épée qui était tachée de quelques gouttes de sang, la remit dans le fourreau, et disparut.

L'Écossais employa autant la force que les remontrances pour m'empêcher de le suivre, et véritablement je commençais à croire que cela ne me servirait à rien.

Lorsqu'il vit que je ne cherchais plus à lui échapper, et que je paraissais devenir plus tranquille : — Par le pain qui nous nourrit, me dit-il, je n'ai jamais vu un homme plus obstiné. Je ne sais ce que j'aurais fait à tout autre que vous qui m'aurait donné la moitié autant de peine pour le retenir. Que vouliez-vous faire? Auriez-vous suivi le loup dans sa caverne? Je vous dis qu'il a tendu ses filets pour vous prendre. Il a retrouvé le collecteur Morris, il lui a fait rendre une nouvelle plainte contre vous, et je ne puis ici venir à votre secours, comme chez le juge de paix Inglewood. Il ne convient pas à ma santé de me trouver sur le chemin des baillis whigamores. Retirez-vous donc comme un honnête garçon, et tirez le meilleur parti des circonstances en cédant à propos. — Évitez la présence de Rashleigh, de Morris, et de l'animal Macvittie. Songez au clachan d'Aberfoïl; et, comme je vous l'ai dit, foi de gentilhomme, justice vous sera rendue. Mais tenez-vous tranquille jusqu'à ce que nous nous revoyions, et vous ne me reverrez plus qu'au rendez-vous que je vous ai donné, car je pars. Je vais pourtant renvoyer Rashleigh de Glascow, car il n'y tramerait que du mal. Adieu, n'oubliez pas le clachan d'Aberfoïl.

Il partit, et m'abandonna aux réflexions que faisaient naître en moi les événemens singuliers qui venaient de m'arriver. Je repris mon manteau, que j'ajustai de manière à cacher le sang qui avait taché mes habits : à peine m'en étais-je couvert que les classes du collège s'ouvrirent, et que la foule des écoliers remplit la prairie et le parc. Je rentrai dans le cœur de la ville, et voyant une petite boutique au-dessus de la porte de laquelle on lisait cette enseigne : *Christophe Nelson, Chirurgien et Apothicaire* (1), j'y entrai, et demandai à un petit garçon qui pilait quelques drogues dans un mortier, de me procurer une audience du savant pharmacopole. Il m'introduisit dans une arrière-boutique où je trouvai un vieillard encore vert qui branla la tête d'un air d'incrédulité lorsque je lui dis qu'en faisant des armes avec un de mes amis, son fleuret s'était cassé et m'avait légèrement blessé au côté. — C'est une véritable égratignure, me dit-il en pansant la blessure, mais il n'y a jamais eu de bouton au bout du fleuret qui vous a touché. Ah! jeune sang, jeune sang! Mais nous autres chirurgiens, nous sommes une race discrète. Et puis, sans le sang trop bouillant et le mauvais sang, que deviendraient les deux savantes facultés?

Il me congédia avec cette réflexion morale, et le peu de douleur que m'avait causée ma blessure ne tarda pas à se dissiper.

(1) En Angleterre les apothicaires font généralement ce que nous appelons en France la petite chirurgie. On les traite de docteurs, titre qu'ils n'ont pas le droit d'ajouter à leur nom ; mais il y a des *chemist-druggists*, chimistes-droguistes, qui se bornent à exercer les prescriptions des médecins. — Éd.

CHAPITRE XXVI.

> « Une race de fer habite ces vieux monts,
> » Ennemis déclarés des paisibles vallons.
> » ....
> » Derrière ces rochers, impénétrable asile,
> » On trouve l'indigence avec la liberté.
> » L'audace des bandits croît par l'impunité,
> » Ils viennent insulter à la plaine fertile. »
>
> Gray.

— Pourquoi arrivez-vous si tard? s'écria M. Jarvie comme j'entrais dans la salle à manger du brave banquier : savez-vous qu'il ne faut que cinq minutes pour gâter le meilleur plat d'un dîner? Mattie est déjà venue deux fois pour le mettre sur la table. Il est heureux pour vous que ce soit une tête de bélier, parce qu'elle ne perd rien pour attendre; mais une tête de mouton trop cuite est un vrai poison, comme disait mon père : il en aimait beaucoup l'oreille, le digne homme.

Je m'excusai comme je pus de mon manque d'exactitude, et nous nous mîmes à table. M. Jarvie en fit les honneurs de la meilleure grace du monde, chargeant nos assiettes de toutes les friandises écossaises qu'il avait fait préparer pour nous, et dont le goût n'était pas très-agréable pour nos palais anglais. Je m'en tirai assez bien, connaissant les usages de la société, qui permettent de se débarrasser d'une assiette bien remplie, après avoir fait semblant d'y toucher. Mais il n'en était pas de même d'Owen. Sa politesse était plus rigoureuse et plus formaliste; il était plaisant de voir les efforts qu'il faisait pour vaincre sa répugnance et avaler tout ce que lui servait notre hôte, en faisant à contre-cœur l'éloge de chaque morceau, éloge qui ne servait qu'à doubler son tourment. Le magistrat, charmé de son appétit, ne souffrait pas que son assiette restât vide un seul instant.

Lorsque la nappe fut ôtée, M. Jarvie prépara de ses propres mains un bowl de punch à l'eau-de-vie : c'était la première fois que j'en voyais faire de cette manière.

— Les citrons viennent de ma petite ferme de là-bas, nous dit-il en faisant un mouvement d'épaule pour désigner les Indes occidentales; et j'ai appris l'art de composer ce breuvage du vieux capitaine Coffinkey, qui, à ce qu'on m'a assuré, ajouta-t-il en baissant la voix, l'avait appris lui-même des flibustiers. C'est une liqueur excellente, et cela prouve qu'il peut sortir de bonnes marchandises même d'une mauvaise boutique. Quant au capitaine Coffinkey, c'était l'homme le plus honnête que j'aie connu, si ce n'est qu'il jurait à vous faire dresser les cheveux sur la tête. Mais il est mort, il est allé rendre ses comptes, et j'espère qu'ils auront été en règle.

Nous trouvâmes le punch fort bon, et il servit de transition à une longue conversation entre Owen et notre hôte sur les débouchés que l'union de l'Écosse à l'Angleterre avait ouverts à Glascow pour le commerce avec les Indes occidentales et les colonies anglaises en Amérique. M. Owen prétendit que cette ville ne pouvait faire de chargement convenable pour ce pays sans faire des achats de marchandises en Angleterre.

— Point du tout, monsieur, point du tout! s'écria M. Jarvie avec chaleur : nous n'avons pas besoin de nos voisins, il ne nous faut que fouiller dans nos poches. N'avons-nous pas nos serges de Stirling, nos bas d'Aberdeen, nos étoffes de laine de Musselbourg et d'Edimbourg? Nous avons des toiles de toute espèce, meilleures et moins chères que les vôtres, et nos étoffes de coton ne le cèdent en rien à celles d'Angleterre. Non, non, monsieur, un hareng n'emprunte pas les nageoires de son voisin, un mouton se soutient sur ses propres jambes, et Glascow n'attend rien de personne. Tout cela n'est pas bien amusant pour vous, M. Osbaldistone, ajouta-t-il en voyant que je gardais le silence depuis long-temps; mais vous savez qu'un roulier ne peut s'empêcher de parler de ses harnais.

Pour m'excuser, je fis valoir les circonstances singulières de ma situation, et les nouvelles aventures qui m'étaient arrivées dans la matinée. Je trouvai ainsi, comme je le désirais, l'occasion de les raconter en détail, et sans être interrompu. La seule chose que j'omis dans ma narration fut la blessure légère que j'avais reçue, ne jugeant pas que cet accident méritât d'être rapporté. M. Jarvie m'écouta avec grande attention et un intérêt bien marqué, fixant sur moi de petits yeux gris pleins de feu; et ne m'interrompant que par quelques courtes interjections, ou pour prendre une prise de tabac. Quand j'arrivai au duel qui avait suivi ma rencontre avec Rashleigh, Owen leva les yeux et les mains au ciel sans pouvoir prononcer un seul mot, et M. Jarvie m'interrompit en s'écriant : — Fort mal! très-mal! tirer l'épée contre votre parent! cela est défendu par toutes les lois divines et humaines; se battre dans l'enceinte d'une ville royale! cela est punissable d'amende et d'emprisonnement..... Le parc du collège n'est pas privilégié. D'ailleurs c'est là surtout, il me semble, qu'on doit laisser régner la paix et la tranquillité..... Croyez-vous qu'on ait donné aux collèges des terres qui rapportaient autrefois à l'évêque six cents livres de rente, compte franc et net, pour que des écervelés viennent s'y égorger? c'est bien assez que les écoliers s'y battent avec des boules de neige, de sorte que quand nous passons de ce côté, Mattie et moi, nous courons toujours le risque d'en avoir une par la tête..... Mais voyons, continuez votre histoire.

Lorsque je parlai de la manière dont notre combat avait été interrompu, Jarvie se leva d'un air de surprise, et parcourut la salle à grands pas en s'écriant : — Encore Rob!.... Il est encore ici!.... Il est donc fou, rien n'est plus sûr, et, qui pis est, il se fera pendre, à la honte de toute sa parenté. Cela ne peut pas lui manquer..... Mon père le diacre lui a fait sa première paire de bas, mais c'est le diacre Treeplie, fabricant de cordes, qui lui fournira sa dernière cravate..... Rien n'est plus sûr, il est sur le grand chemin de la potence..... Mais continuez donc, M. Osbaldistone; pourquoi ne continuez-vous pas?

Je finis mon récit, mais quelque clarté que j'eusse tâché d'y mettre, M. Jarvie trouva que quelques endroits n'étaient pas suffisamment expliqués, et je ne pus les lui faire comprendre qu'en lui racontant toute l'histoire de Morris, et celle de ma rencontre avec Campbell chez le juge Inglewood, ce dont je désirais me dispenser. Il m'écouta d'un air sérieux, ne m'interrompit pas une seule fois, et garda le silence quand j'eus fini ma narration.

— Maintenant que vous voilà parfaitement instruit, M. Jarvie, lui dis-je, il ne me reste qu'à vous prier de me donner votre avis sur ce qu'exigent de moi l'intérêt de mon père et celui de mon honneur.

— C'est bien parlé, jeune homme, très-bien parlé! demandez toujours les conseils des gens qui sont plus âgés et qui ont plus d'expérience que vous. Ne faites pas comme l'impie Roboam, qui consulta de jeunes têtes sans barbe, négligeant les vieux conseillers de son père Salomon, dont la sagesse, comme le remarqua fort bien M. Meiklejohn en prêchant sur ce chapitre de la Bible, s'était sûrement répandue en partie sur eux. Mais il ne s'agit pas ici d'honneur, il est question de crédit. Honneur est un homicide, un buveur de sang, un tapageur qui trouble le repos public; Crédit au contraire est une créature honnête, décente, paisible, qui reste au logis et fait les choses à propos.

— Bien certainement, M. Jarvie, dit notre ami Owen, le crédit est un capital qu'il faut conserver à quelque escompte que ce puisse être.

— Vous avez raison, M. Owen, vous avez raison; vous parlez bien, avec sagesse, et j'espère que votre boule arrivera au but, quelque éloigné qu'il paraisse.

Mais, pour en revenir à Rob, je pense qu'il rendra service à ce jeune homme, s'il en a les moyens. Le pauvre Rob a un bon cœur, et quoique j'aie perdu autrefois avec lui deux cents livres d'Écosse, et que je ne m'attende pas beaucoup à revoir les mille livres que je lui ai prêtées depuis ce temps, cela ne m'empêchera jamais de lui rendre justice.

— Je dois donc le regarder comme un honnête homme, M. Jarvie, lui dis-je.

— Mais..... hum! Il toussa plusieurs fois. Sans doute... il a..... une honnêteté highlandaise, une manière d'honnêteté comme on dit. Feu mon père le diacre riait beaucoup en m'expliquant l'origine de ce proverbe. Un certain capitaine Costlett faisait beaucoup valoir son loyalisme pour le roi Charles. Le clerc Pettigrew, dont vous avez sûrement entendu bien des histoires, lui demanda de quelle manière il servait le roi quand il se battait contre lui à Worcester, dans l'armée de Cromwell. Mais le capitaine Costlett avait réponse à tout. Il répliqua qu'il le servait *à sa manière*, et le mot est resté. Mon brave père riait bien toutes les fois qu'il contait cette histoire.

— Mais pensez-vous que celui que vous nommez Rob puisse me servir *à sa manière?* croyez-vous que je puisse aller au rendez-vous qu'il m'a donné?

— Franchement et véritablement, il me semble que cela en vaut la peine. D'ailleurs vous voyez vous-même que vous courez ici quelques risques. Ce vaurien de Morris a un poste à Greenock, port situé près d'ici, à l'embouchure de la Clyde. Personne n'ignore que c'est un animal à deux pieds, avec une tête d'oie et un cœur de poule, qui se promène sur le quai, tourmentant le pauvre monde de *permis*, de *transits* et d'autres vexations semblables ; mais au bout du compte, s'il rend plainte contre vous, il faut qu'un magistrat fasse son devoir ; vous pouvez être claquemuré entre quatre murailles en attendant les explications, et ce n'est pas ce qui arrangera les affaires de votre père.

— Tout cela est vrai ; mais dois-je m'écarter de Glascow, quand tout me porte à croire que cette ville est le principal théâtre des intrigues et des complots de Rashleigh ? Dois-je me confier à la bonne foi très-suspecte d'un homme dont tout ce que je connais, c'est qu'il craint la justice, qu'il a sans doute de bonnes raisons pour la craindre, et qui, pour quelque dessein secret et probablement criminel, a contracté des liaisons intimes avec l'auteur de notre ruine ?

— Vous jugez Rob sévèrement, trop sévèrement, le pauvre diable ; mais la vérité est que vous ne connaissez pas notre pays de montagnes que nous appelons les Highlands. Il est habité par une race qui ne nous ressemble en rien. On n'y trouve pas de baillis, pas de magistrats qui tiennent le glaive de la justice, comme le tenait mon digne père le diacre, et comme je le tiens à présent. C'est l'ordre du laird qui fait tout ; dès qu'il parle, on obéit, et ils ne connaissent d'autres lois que la pointe de leur poignard. Leur claymore est ce que vous appelez en Angleterre le poursuivant ou le plaignant, et leur bouclier le défendant. La tête la plus dure est celle qui résiste le plus longtemps. Voilà comme s'instruit un procès dans les Highlands.

Owen leva les mains au ciel en soupirant, et j'avoue que cette description ne me donna pas un grand désir de visiter ces Highlands d'Écosse, où l'empire des lois était si méconnu.

— Nous n'entrons pas souvent dans ces détails, continua M. Jarvie, d'abord parce qu'ils nous sont familiers, et ensuite parce qu'il ne faut pas discréditer son pays, surtout devant les étrangers. C'est un vilain oiseau que celui qui souille son propre nid.

— Fort bien, monsieur; mais comme ce n'est pas une curiosité impertinente, mais une nécessité urgente qui m'oblige à vous demander des informations, j'espère que vous me pardonnerez si je vous prie de me donner toutes celles qui sont en votre pouvoir. J'aurai à traiter pour les affaires de mon père avec plusieurs personnes de ce pays sauvage, et je sens que votre expérience peut m'être d'un grand secours.

Cette petite dose de flatterie ne fut pas perdue.

— Mon expérience! dit le bailli, sans doute j'ai de l'expérience, et j'ai fait quelques calculs dans ma vie. Je vous dirai même, puisque nous sommes entre nous, que j'ai pris quelques renseignemens par le moyen d'André Wylie, mon ancien commis qui travaille maintenant chez Macvittie, Macfin et compagnie, mais qui vient assez volontiers le samedi soir boire un verre de vin avec son ancien patron; puisque vous voulez vous laisser guider par les conseils d'un fabricant de Glascow, je ne suis pas homme à les refuser au fils de mon ancien correspondant, et mon père avant moi ne lui aurait pas dit non. J'ai pensé quelquefois à faire briller ma lumière devant le duc d'Argyle, ou devant son frère lord Hay; car, à quoi bon la tenir sous le boisseau? Mais le moyen de croire que de si grands personnages fissent attention à ce que pourrait leur dire un pauvre fabricant? Ils pensent plus à la qualité de celui qui leur parle qu'aux choses qu'on leur dit. Ce n'est pas que je veuille mal parler de ce Mac-Callum More en aucune manière. — Ne maudissez pas le riche dans votre chambre à coucher, dit le fils de Sidrach, car un oiseau lui portera vos paroles à travers les airs. —

J'interrompis ces prolégomènes, qui étaient toujours la partie la plus diffuse des discours du bailli, pour l'assurer qu'il pouvait entièrement compter sur la discrétion de M. Owen et sur la mienne.

— Ce n'est pas cela, répliqua-t-il, ce n'est pas cela. Je ne crains rien ; qu'ai-je à craindre ? je ne dis du mal de personne. Mais c'est que ces hommes des Highlands ont le bras long, et comme je vais parfois près de leurs montagnes voir quelques parens, je ne voudrais pas être en mauvaise renommée dans aucun de leurs clans. Quoi qu'il en soit, pour continuer..... Ah ! il faut que je vous dise que toutes mes observations sont fondées sur le calcul, sur les chiffres : M. Owen vous dira que c'est la véritable source et la seule démonstration de toutes les connaissances humaines.

Owen s'empressa de faire un signe d'approbation en entendant une proposition si conforme à ses idées ; et notre orateur continua :

— Ces Highlands d'Écosse, comme nous les appelons, sont une sorte de monde sauvage rempli de rochers, de cavernes, de bois, de lacs, de rivières et de montagnes si élevées, que les ailes du diable lui-même seraient fatiguées s'il voulait voler jusqu'en haut. Or, dans ce pays, et dans les îles qui en dépendent, et qui ne valent pas mieux, ou qui, pour parler vrai, sont encore pires, il se trouve environ deux cent trente paroisses, y compris les Orcades, dans lesquelles je ne saurais dire si c'est la langue gaëlique qu'on parle, ou non, mais dont les habitans sont loin d'être civilisés. Maintenant, messieurs, je suppose par un calcul modéré que la population de chaque paroisse, déduction faite des enfans de neuf ans et au-dessous, soit de 800 personnes ; ajoutons un quart à ce nombre, pour les enfans, et le total de la population sera de..... Voyons, ajoutons un quart à 800 pour former le multiplicateur, 230 étant le multiplicande.....

— Le produit, dit M. Owen qui entrait avec délices dans ces calculs statistiques de M. Jarvie, sera de 230,000.

— Juste, M. Owen, parfaitement juste! Maintenant le ban et l'arrière-ban de tous ces montagnards en état de porter les armes, de dix-huit à cinquante-huit ans, ne peut se calculer à moins du quart de la population, c'est-à-dire à 57,500 hommes. Or, messieurs, une triste vérité, c'est que ce pays ne peut fournir d'occupation, d'apparence d'occupation, à la moitié de cette population ; c'est-à-dire que l'agriculture, le soin des bestiaux, la pêche, toute espèce de travail honnête, ne peuvent employer les bras de cette moitié, quoique trois d'entre eux ne fassent pas l'ouvrage d'un seul homme ; car on dirait qu'une bêche et une charrue leur brûlent les doigts. Ainsi donc cette moitié de population sans occupation, montant à.....

— 115 000 ames, dit Owen, faisant moitié du produit total.

— Vous l'avez trouvé, M. Owen, vous l'avez trouvé!... Ainsi cette moitié de population dont nous pouvons supposer le quart en état de porter les armes, peut nous offrir 28,750 hommes dépourvus de tous moyens honnêtes d'existence, et qui peut-être ne voudraient pas y avoir recours, s'ils en trouvaient.

— Est-il possible, M. Jarvie, m'écriai-je, que ce soit là un tableau fidèle d'une portion si considérable de la Grande-Bretagne?

— Très-fidèle, monsieur, et je vais vous le prouver clair comme la pique de Pierre Pasley (1)..... Je veux bien supposer que chaque paroisse, l'une dans l'autre, emploie 50 charrues; c'est beaucoup pour le misérable sol que ces malheureuses créatures ont à labourer, et j'admets qu'il s'y trouve assez de pâturages pour leurs chevaux, leurs bœufs et leurs vaches. Maintenant, pour conduire les charrues et prendre soin des bestiaux, accordons 75 familles de six personnes, et ajoutons 50 pour faire un nombre rond, nous aurons 500 ames, c'est-à-dire la moitié de la population, qui ne seront pas tout-à-fait sans ouvrage, et pourront se procurer du lait aigre et de la bouillie; mais je voudrais bien savoir ce que vous ferez des 500 autres.

— Mais, au nom du ciel, M. Jarvie, quelles sont donc leurs ressources? je frémis en pensant à leur situation!

— Vous frémiriez davantage si vous étiez leur voisin... Supposons maintenant que la moitié de cette moitié se tire d'affaire honnêtement en travaillant pour les habitans des Lowlands, soit à faire la moisson, soit à faucher le foin, etc., combien de centaines et de milliers ne vous restera-t-il pas encore de ces Highlanders à longues jambes qui ne veulent ni travailler, ni mourir de faim, qui ne songent qu'à mendier ou à voler, ou qui

(1) Proverbe écossais dont nous ignorons l'origine. — Éd.

vivent aux dépens de leur Chef en exécutant tous ses ordres quels qu'ils puissent être! Ils descendent par centaines dans les plaines voisines, pillent de tous côtés, et emportent leur butin dans leurs montagnes. Chose déplorable dans un pays chrétien, — d'autant plus qu'ils s'en font honneur, et qu'ils disent qu'il est bien plus digne d'un homme de s'emparer d'un troupeau de bétail à la pointe de l'épée que de s'occuper en mercenaire de travaux rustiques. Les lairds eux-mêmes ne valent pas mieux. S'ils ne leur commandent pas le vol et le pillage, ils ne le leur défendent point, et ils leur donnent retraite, ou souffrent qu'ils en trouvent une dans leurs montagnes, dans leurs bois, dans leurs forteresses, quand ils ont fait un mauvais coup. Chaque Chef entretient sous ses ordres un aussi grand nombre de fainéans de son nom et de son clan, comme nous disons, qu'il peut en soudoyer, sans compter ceux qui sont en état de se soutenir eux-mêmes, n'importe par quels moyens. Armés de dirks, de fusils et de pistolets et de dourlachs (1), ils sont toujours prêts à troubler la paix du pays au premier signal du Chef. Et voilà ce que sont depuis des siècles ces montagnards, misérables vagabonds qui n'ont de chrétien que le nom, et qui tiennent toujours dans l'inquiétude et dans les alarmes un voisinage paisible et tranquille comme le nôtre (2).

— Et ce Rob, lui demandai-je, votre parent, mon ami, est sans doute un de ces chefs qui entretiennent les troupes de fainéans dont vous venez de parler?

(1) *Dourlach*, mot gaëlique qui signifie faisceau, fagot ; soit qu'ici par dourlach le bailli entende un bâton comme arme, ou un fagot pour mettre le feu. — Éd.

(2) Voyez les notes du premier volume de *Waverley*. — Éd.

— Non, non, ce n'est pas un de leurs grands chefs, comme ils les appellent. Il est cependant du meilleur sang montagnard et descendu du vieux Glenstrae. Je connais sa famille, puisque nous sommes parens. Ce n'est pas que j'y attache grande importance; c'est l'image de la lune dans un seau d'eau; mais je pourrais vous montrer des lettres que son père, qui était le troisième descendant de Glenstrae, a écrites au mien, le digne diacre Jarvie! paix soit à sa mémoire! commençant par: Cher Diacre, et finissant, par : Votre affectueux parent à vos ordres. Elles sont relatives à quelque argent que mon père lui avait prêté, et le bon diacre les gardait comme pièces de renseignemens. C'était un homme soigneux!

— Mais, s'il n'est pas un de ces chefs dont vous venez de parler, ce cousin vôtre jouit au moins d'un grand crédit et d'une certaine autorité dans les Highlands, je suppose.

— Oh! pour cela, vous pouvez le dire sans crainte de vous tromper. Il n'y a pas de nom qui soit mieux connu entre le Lennox et le Breadalbane. Rob a mené autrefois une vie laborieuse, il faisait le commerce de bestiaux. C'était un plaisir de le voir avec son plaid et ses brogues, la claymore au côté, le pistolet à la ceinture, le fusil sous le bras, et le bouclier derrière le dos, descendre de ses montagnes avec dix ou douze gillies (1) à ses ordres pour conduire dans nos marchés des troupeaux de plusieurs centaines de bœufs qui avaient l'air aussi sauvage que leurs conducteurs. Mais il faisait toutes ses affaires avec honneur et justice; et, s'il

---

(1) Domestiques.

croyait que son vendeur avait fait un mauvais marché, il lui donnait une indemnité. Je l'ai vu faire une remise, en pareil cas, de cinq shillings par livre sterling.

— Vingt-cinq pour cent! s'écria Owen : c'est un escompte considérable!

— C'est pourtant ce qu'il faisait, monsieur, comme je vous le disais, surtout s'il croyait que le vendeur était pauvre et ne pouvait supporter cette perte : mais les temps devinrent durs; Rob se hasarda trop. Ce ne fut pas ma faute! ce ne fut pas ma faute! Je l'en avertis, il ne peut pas me le reprocher. Enfin il fit des pertes, il eut affaire à des créanciers, à des voisins impitoyables. On saisit ses terres, ses bestiaux, tout ce qu'il possédait; on chassa sa femme de sa maison, pendant qu'il en était absent. C'est une honte! c'est une honte! Je suis un homme paisible, un magistrat; mais, si on en eût fait autant à ma servante Mattie, je crois que j'aurais fait revoir le jour au sabre que mon père le diacre portait à la bataille du pont de Bothwell. Rob revint chez lui : il y avait laissé l'abondance, il n'y retrouva que misère et désolation. Il regarda au nord, au sud, à l'est, à l'ouest, et n'aperçut nulle part ni retraite, ni ressources, ni espérances. Que faire? Il enfonça sa toque sur ses yeux, ceignit sa claymore, se rendit aux montagnes, et devint un désespéré.

La voix manqua un instant au bon citadin. Quoiqu'il feignît de ne pas faire grand cas de la généalogie des Highlands, il attachait une certaine importance à sa parenté, et retraçait la prospérité passée de son ami avec un excès de sympathie qui rendait encore plus vifs sa compassion pour son malheur et ses regrets des événemens qui en avaient été la suite.

— Ainsi donc, dis-je à M. Jarvie en voyant qu'il ne continuait pas sa narration, le désespoir porta votre infortuné parent à devenir un des déprédateurs dont vous m'avez parlé.

— Non, non, pas tout-à-fait, pas tout-à-fait! Il se mit à lever le black-mail dans tout le Lennox et le Menteith, et jusqu'aux portes du château de Stirling.

— *Black-mail* (1) *!* Qu'entendez-vous par ces mots?

— Oh! voyez-vous, Rob eut bientôt amassé autour de lui une troupe de Toques-Bleues (2), car il était connu dans le pays pour un homme qui ne craignait rien: le nom de sa famille était ancien et honorable, quoiqu'on ait voulu l'avilir, le persécuter et l'éteindre depuis quelque temps. Elle s'était montrée avec éclat dans les guerres contre le roi, le parlement et l'Église épiscopale. Ma mère était une Mac-Grégor : peu m'importe qu'on le sache! Si bien que Rob se vit bientôt à la tête d'une troupe nombreuse et intrépide. Il dit qu'il était fâché des vols de bestiaux et des ravages du sud des Highlands, et il proposa d'en garantir tout fermier ou propriétaire qui lui paierait quatre pour cent de son fermage ou de son revenu; et c'était sans doute un faible sacrifice pour ne plus avoir à craindre le vol et le pillage, dont Rob s'obligeait à les garantir. Si l'un d'eux perdait un seul mouton, il n'avait qu'à se plaindre à Rob, et celui-ci ne manquait pas de le lui faire rendre, ou de lui en payer la valeur. Rob a toujours tenu sa parole. Je ne puis dire qu'il en ait jamais

---

(1) Nous avons donné dans *Waverley* l'étymologie de ce mot, qui signifie l'impôt du déprédateur, etc. — Éd.

(2) D'Écossais montagnards. — Éd.

manqué. Personne ne peut accuser Rob de ne pas l'avoir tenue.

— C'est un singulier contrat d'assurance, dit M. Owen.

— Elle n'est pas légale, dit M. Jarvie, j'en conviens. Non, elle n'est pas légale; la loi prononce même des peines contre celui qui paie le black-mail, comme contre celui qui le lève. Mais, si la loi ne peut protéger ma maison et mes troupeaux, pourquoi n'aurais-je pas recours à un gentilhomme des Highlands qui peut le faire? Qu'on me réponde à cela!

— Mais, M. Jarvie, lui dis-je, ce contrat de blackmail, comme vous l'appelez, est-il purement volontaire de la part du fermier ou du propriétaire qui paie l'assurance? Si quelqu'un s'y refuse, qu'en arrive-t-il?

— Ah! ah! jeune homme, dit le bailli en riant et plaçant son index le long de son nez, vous croyez que vous me tenez là? Il est bien vrai que je conseillerais à mes amis de s'arranger avec Rob, car on a beau veiller, prendre des précautions, quand les nuits sont longues, il est bien difficile... Les Grahame et les Cohoon ne voulurent pas d'abord accepter ses conditions : qu'en arriva-t-il? Dès le premier hiver ils perdirent tous leurs bestiaux. De manière que la plupart crurent devoir accepter les propositions de Rob. C'est le meilleur des hommes quand on s'arrange avec lui; mais, si vous lui résistez, autant vaudrait s'attaquer au diable.

— C'est par ses exploits en ce genre qu'il a armé contre lui les lois de sa patrie!...

— Armé contre lui? Oui, vous pouvez bien le dire, car, si on le tenait, son cou sentirait le poids de son corps. Mais il a des amis parmi les gens puissans, et je pourrais vous citer une grande famille qui le protège de tout son pouvoir, afin qu'il soit une épine dans le dos d'un autre. Et puis il a tant de ressources! Il a joué plus de tours qu'il n'en tiendrait dans un livre, dans un gros livre. Il a eu autant d'aventures que Robin Hood ou que William Wallace, et l'on en ferait d'éternelles histoires à raconter l'hiver au coin du feu. C'est une chose bien singulière, messieurs, moi qui suis un homme paisible, moi qui suis fils d'un homme paisible, car le diacre mon père ne s'est jamais querellé avec personne, si ce n'est dans l'assemblée du conseil commun; c'est une chose singulière, dis-je, que, quand je les entends raconter, il me semble que le sang montagnard s'échauffe en moi, et j'y trouve plus de plaisir, Dieu me pardonne! qu'à écouter des discours édifians. Mais ce sont des vanités, de coupables vanités, des fautes contre la loi, des fautes contre l'Évangile.

— Mais quelle influence ce M. Robert Campbell peut-il donc avoir sur les affaires de mon père et sur les miennes? dis-je en continuant mes questions.

— Il faut que vous sachiez..., répondit M. Jarvie en baissant la voix, — je parle ici entre amis et sous la rose (1). Il faut donc que vous sachiez que les Highlands sont restés tranquilles depuis 1689, l'année de Killicankrie (2); mais comment l'a-t-on obtenu? Par de l'argent, M. Owen, par de l'argent, M. Osbaldistone. Le roi Guillaume fit distribuer par Breadalbane parmi les Highlanders vingt bonnes mille livres sterling, et l'on dit même que le vieux comte en garda un bon lopin

---

(1) *En confidence.* Voyez la note 3 de la page 65 du tome Ier de *Waverley*. — Éd.

(2) 1689. Ce fut le dernier combat de Dundee. — Éd.

dans son sporran (1). Ensuite feu la reine Anne fit des pensions aux chefs, de sorte qu'ils étaient en état de pourvoir aux besoins de ceux qui n'avaient pas d'ouvrage, comme je vous l'ai dit; ils se tenaient donc assez tranquilles, sauf quelques pillages dans les Lowlands, ce dont ils ne peuvent se déshabituer tout-à-fait, et quelques batailles entre eux, ce dont leurs voisins civilisés ne s'inquiètent guère. Mais, depuis l'avénement du roi Georges au trône, que Dieu protège! du roi actuel, il n'arrive plus chez eux ni argent ni pensions; les chefs n'ont plus le moyen de soutenir leurs clans, et un homme, qui, d'un coup de sifflet, peut rassembler mille ou quinze cents hommes prêts à exécuter tous ses ordres doit pourtant trouver des moyens pour les nourrir; ainsi donc la tranquillité, l'espèce de tranquillité qui règne ne peut être de longue durée. Vous verrez, — et il baissa la voix encore davantage, — vous verrez qu'il y aura un soulèvement, un soulèvement en faveur des Stuarts. Les montagnards se répandront dans notre pays comme un torrent, ainsi qu'ils l'ont fait lors des guerres désastreuses de Montrose, et vous en entendrez parler avant qu'il se passe encore un an.

— Mais encore une fois, M. Jarvie, je ne vois pas quel rapport tout cela peut avoir avec les affaires de mon père.

— Écoutez-moi, écoutez-moi donc. Rob peut lever au moins cinq cents hommes, et les plus braves du pays. Or, il doit prendre quelque intérêt à la guerre, car il y trouverait plus de profit qu'à la paix. Et pour vous parler à cœur ouvert, je soupçonne qu'il est chargé

(1) Poche. — Éd.

d'entretenir une correspondance entre les chefs des montagnards et quelques seigneurs du nord de l'Angleterre. Nous avons entendu parler du vol qui a été fait à Morris des deniers publics dont il était porteur, dans les monts Cheviot; et pour vous dire la vérité, M. Frank, le bruit s'était répandu que c'était un Osbaldistone qui avait fait ce vol de concert avec Rob, et l'on prétendait que c'était vous..... Ne me dites rien, laissez-moi parler, je sais que cela n'est pas vrai. Mais il n'y avait rien que je ne pusse croire d'un jeune homme qui s'était fait comédien, et j'étais fâché que le fils de votre père menât un pareil train de vie. Mais à présent je ne doute nullement que ce ne soit Rashleigh, ou quelque autre de vos cousins! car ils sont tous du même bois, papistes, jacobites, et ils croient que les deniers et les papiers du gouvernement sont de bonne prise. Ce Morris est tellement poltron, que, quoiqu'il sache bien que c'est Rob qui l'a volé, il n'a jamais eu la hardiesse de l'en accuser publiquement, et peut-être n'a-t-il pas eu tout-à-fait tort, car ces diables de montagnards seraient gens à lui faire un mauvais parti, sans que tous les douaniers d'Angleterre pussent venir à bout de les en empêcher.

— J'avais eu le même soupçon, depuis long-temps, M. Jarvie, et nous sommes parfaitement d'accord sur ce point; mais quant aux affaires de mon père.....

— Soupçon, dites-vous? J'en suis bien certain. Je connais des gens qui ont vu quelques-uns des papiers qui étaient dans le porte-manteau de Morris. Il est inutile que je vous dise ni qui, ni où, ni quand. Mais pour en revenir aux affaires de votre père, vous devez bien penser que depuis quelques années les chefs des montagnards n'ont pas perdu de vue leurs intérêts.

Votre père a acheté les bois de Glen-Disseries, de Glen-Kissoch, de Glen-Cailziechat et plusieurs autres; il a donné ses billets en paiement, et comme la maison Osbaldistone et Tresham jouissait d'un grand crédit, — et je le dirai en face comme en arrière de M. Owen, avant le malheur qui vient de lui arriver, il n'y avait pas de maison plus sûre et plus respectable, — les chefs montagnards qui avaient reçu ces billets pour comptant ont trouvé à les escompter à Édimbourg et à Glascow. Je devrais seulement dire à Glascow, car on trouve à Édimbourg plus d'orgueil que d'argent. De manière que... vous voyez bien clairement où cela nous conduit?

Je fus obligé de faire l'aveu de mon manque d'intelligence, et de le prier de suivre le fil de ses raisonnemens.

— Comment! me dit-il, si les billets ne sont pas acquittés, les banquiers et négocians de Glascow retomberont sur les chefs montagnards, qui ne sont pas riches en argent comptant, et le diable ne leur rendra pas celui qu'ils ont déjà mangé. Se voyant poursuivis et sans ressources, ils deviendront enragés, cinquante chefs qui seraient restés bien tranquilles chez eux seront prêts à prendre part aux entreprises les plus désespérées, et c'est ainsi que la suspension de paiemens de la maison de votre père accélèrera le soulèvement qu'on veut exciter.

— Vous pensez donc, lui dis-je frappé du nouveau point de vue qu'il me présentait, et qui me paraissait fort singulier, que Rashleigh n'a fait tort à mon père que pour hâter le moment d'une insurrection parmi les montagnards, en mettant dans l'embarras les chefs qui ont reçu ses billets en paiement de leurs bois?

— Sans aucun doute, M. Osbaldistone, sans aucun

doute! c'en a été la principale raison. Je ne doute pas que l'argent comptant qu'il a emporté n'ait la même destination; mais comparativement c'est un objet de peu d'importance, quoique ce soit à peu près tout ce que Rashleigh y gagnera : les billets ne peuvent lui servir qu'à allumer sa pipe; car je pense bien que M. Owen a mis partout opposition à leur paiement.

— Votre calcul est juste, dit Owen.

— Il a bien essayé d'en faire escompter quelques-uns par Macvittie, Macfin et compagnie. Je l'ai appris, sous le secret, d'André Wylie. Mais ce sont de trop vieux chats pour se laisser prendre à un tel piège, et ils se sont tenus à l'écart. Rashleigh est trop connu à Glascow pour qu'on ait confiance en lui. En 1707, il vint ici pour tramer je ne sais quoi avec des papistes et des jacobites, et il y laissa des dettes. Non, non, il ne trouverait pas ici un shilling sur tous ses billets, parce qu'on douterait qu'ils lui appartinssent légitimement, ou qu'on craindrait de n'en être pas payé. Je suis convaincu que le paquet est tout entier dans quelque coin des montagnes, et je ne doute pas que le cousin Rob ne puisse le déterrer, si bon lui semble.

— Mais le croyez-vous disposé à nous servir de cette manière, M. Jarvie? Vous me l'avez représenté comme un agent du parti jacobite, comme prenant une part active à ses intrigues; sera-t-il porté pour l'amour de moi, ou, si vous le voulez, pour l'amour de la justice, à faire un acte de restitution, qui, en le supposant possible, contrarierait ses projets?

— Je ne puis répondre précisément à cela, je ne le puis. Les grands se méfient de Rob, et Rob se méfie des grands. Il a toujours été appuyé par la famille du duc d'Argyle. S'il était parfaitement libre de suivre ses goûts, il serait plutôt du parti d'Argyle que du parti de Breadalbane; car il y a une vieille rancune entre la famille de ce dernier et celle de Rob. Mais la vérité c'est que Rob est de son propre parti; comme Henri Wynd qui disait qu'il combattait pour lui-même; si le diable était le laird, Rob chercherait à être son tenancier, et, peut-on l'en blâmer, dans l'état où on l'a réduit? Cependant il y a une chose contre vous, c'est que Rob a une jument grise dans son écurie.

— Une jument grise? et que peut me faire...?

— Je parle de sa femme, jeune homme, de sa femme, et c'est une terrible femme! Elle déteste tout ce qui n'est pas des Highlands, et par-dessus toutes choses tout ce qui est Anglais. Le seul moyen d'en être bienvenu, c'est de crier vive le roi Jacques et à bas le roi Georges!

— Il est bien étrange, lui dis-je, que les intérêts commerciaux des citoyens de Londres se trouvent compromis par les projets de soulèvement tramés dans un coin de l'Écosse!

— Point du tout, M. Osbaldistone, point du tout. C'est un préjugé de votre part. Je me souviens d'avoir lu, pendant les longues nuits, dans la chronique de Baker, que les négocians de Londres forcèrent autrefois la banque de Gênes à manquer à la promesse qu'elle avait faite au roi d'Espagne de lui prêter une somme considérable, ce qui retarda d'un an le départ de la fameuse *Armada*. Que pensez-vous de cela, monsieur?

— Qu'ils rendirent à leur patrie un service dont notre histoire doit faire une mention honorable.

— Je pense de même, et je pense aussi qu'on rendrait

en ce moment service à l'état et à l'humanité, si l'on pouvait empêcher quelques malheureux chefs montagnards de se vouer à la destruction, eux et leurs gens, uniquement parce qu'ils n'ont pas le moyen de rembourser un argent qu'ils devaient regarder comme leur appartenant bien légitimement, si l'on pouvait sauver le crédit de votre père, et par-dessus le marché la somme qui m'est due par la maison Osbaldistone et Tresham. Bien certainement, celui qui ferait tout cela mériterait du roi, honneur et récompense, fût-il le dernier de ses sujets.

— Je ne puis dire jusqu'à quel point il aurait droit à la reconnaissance publique, M. Jarvie, mais la nôtre se mesurerait sur l'étendue de l'obligation que nous lui aurions.

— Et nous tâcherions d'en établir la balance, dit M. Owen, aussitôt que M. Osbaldistone serait de retour de Hollande.

— Je n'en doute point, je n'en doute point. C'est un homme solide, et avec mes conseils il pourrait faire de belles affaires en Écosse. Eh bien, messieurs, si l'on pouvait retirer ces billets des mains des Philistins! c'est de bon papier; il était bon quand il se trouvait en bonnes mains, c'est-à-dire dans les vôtres, M. Owen. Je vous nommerais trois personnes dans Glascow, (quoi que vous puissiez penser de nous, M. Owen,) Sandie Steenson, John Pirie, et un troisième que je ne veux pas nommer en ce moment, qui se chargeraient des recouvremens, et vous avanceraient à l'instant telle somme qui vous est nécessaire pour soutenir le crédit de votre maison, sans vous demander d'autre sûreté.

Les yeux d'Owen s'animèrent à cette lueur d'espoir de

sortir d'embarras ; mais il reprit bientôt son air soucieux en réfléchissant au peu de probabilité que nous avions de rentrer en possession de ces effets.

— Ne désespérez point, monsieur, ne désespérez point! dit le banquier écossais ; j'ai déjà pris assez d'intérêt à vos affaires. J'y suis jusqu'à la cheville, je m'y mettrai jusqu'aux genoux, s'il le faut. Je suis comme mon père le diacre, que son ame soit en paix ! quand j'entreprends quelque chose pour un ami, je finis toujours par en faire ma propre affaire. Ainsi donc, demain matin, je mets mes bottes, je monte sur mon bidet, et, avec M. Frank que voilà, je parcours les bruyères de Drymen. Si je ne fais pas entendre raison à Rob, et même à sa femme, je ne sais qui pourra en venir à bout. Je leur ai rendu service plus d'une fois, sans parler de la nuit dernière, où je n'avais qu'à prononcer son nom pour l'envoyer au gibet. J'entendrai dire peut-être quelques mots de cette affaire dans le conseil commun, de la part du bailli Grahame, de Macvittie et de quelques autres. Ils m'ont déjà montré les dents plus d'une fois, et m'ont jeté au nez ma parenté avec Rob. Je leur ai dit que je n'excusais les fautes de personne, mais que mettant à part ce que Rob avait fait contre les lois du pays, quelques vols de troupeaux, la levée des black-mails, et le malheur qu'il a eu de tuer quelques personnes dans des querelles, c'était un plus honnête homme que ceux que leurs jambes soutenaient. Et pourquoi m'inquiéterais-je de leurs bavardages? Si Rob est un *outlaw*, qu'on aille le lui dire. Il n'y a pas de loi qui défende de voir les proscrits, comme du temps des derniers Stuarts. J'ai dans ma bouche une langue écossaise; et s'ils me parlent, je saurai leur répondre.

Ce fut avec un vif plaisir que je vis le bon magistrat franchir à la fin les barrières de la prudence, grace à l'influence de son esprit public, jointe à l'intérêt que son bon cœur lui faisait prendre à nos affaires, au désir qu'il avait de n'éprouver ni perte ni retard dans ses rentrées, et à un mouvement de vanité bien pardonnable. Ces motifs opérant en même temps lui firent prendre la courageuse résolution de se mettre lui-même en campagne, et de m'aider à recouvrer les papiers de mon père. Tout ce qu'il m'avait dit me fit penser que s'ils étaient à la disposition de cet aventurier montagnard, il serait possible de le déterminer à rendre des effets dont il ne pouvait tirer aucun avantage pour lui-même, et je sentais que la présence de son parent pourrait être utile pour l'y décider. Je consentis donc sans hésiter à la proposition que me fit M. Jarvie de partir le lendemain, et je lui exprimai ma reconnaissance.

Autant il avait mis de lenteur et de circonspection à se décider, autant il mit de promptitude et de vivacité à exécuter sa résolution. Il fit venir Mattie, lui recommanda d'exposer à l'air sa redingote, de faire graisser ses bottes, et de veiller à ce que son cheval eût mangé l'avoine et fût harnaché le lendemain matin à cinq heures, moment qu'il fixa pour notre départ. Il fut réglé qu'Owen attendrait notre retour à Glascow, sa présence ne pouvant nous être d'aucune utilité dans notre expédition. Je pris congé de cet ami zélé, dont je devais la rencontre au hasard. J'installai Owen à mon auberge, dans un appartement voisin du mien, et ayant donné ordre à André de tenir les chevaux prêts le lendemain, à l'heure indiquée, je me couchai avec plus d'espérances que je n'en avais eu depuis plusieurs jours.

CHAPITRE XXVII.

> « Aussi loin que pouvait atteindre votre vue,
> » La terre était aride et d'arbres dépourvue :
> » A peine un seul oiseau traversait l'horizon.
> » Dans ces lieux où jadis roucoulait le pigeon
> » Et qu'animait aussi l'abeille bourdonnante,
> » Règne un silence affreux, et l'onde y est stagnante :
> » Plus de ruisseaux courant sur un lit de cailloux
> » Dont l'écho répétait le murmure si doux. »
>
> Coleridge, *Prédiction de la Famine.*

Nous étions dans la saison de l'été (1). M. Jarvie ne demeurait qu'à quelques pas de mistress Flyter ; j'avais donné ordre à André de m'attendre à sa porte à cinq heures précises avec nos deux chevaux, et je ne manquai pas de m'y trouver. La première chose que je remarquai en arrivant fut que le cheval donné si généreusement par le clerc Touthope à son client M. Fairservice, en échange de la jument de Thorncliff, était encore,

(1) Été d'*Écosse*, c'est-à-dire presque l'automne *en France.*

quelque mauvais qu'il fût, un Bucéphale en comparaison de celui contre lequel il avait trouvé le secret de l'échanger. Il avait bien ses quatre pieds; mais il était tellement boiteux, que trois seulement paraissaient destinés à le soutenir, et que le quatrième, brandillant en l'air, ne semblait être là que pour leur servir de pendant.

— A quoi pensez-vous de m'amener un animal semblable? lui demandai-je avec impatience; qu'est devenu le cheval sur lequel vous êtes venu à Glascow?

— Je l'ai vendu, monsieur; il était poussif, et il aurait mangé gros comme sa tête d'argent s'il était resté dans l'écurie de mistress Flyter. J'ai acheté celui-ci pour le compte de Votre Honneur. C'est un marché d'or : il ne coûte qu'une livre sterling par jambe, c'est-à-dire quatre. On dirait qu'il boite, mais il n'y paraîtra plus quand il aura fait un mille. C'est un trotteur bien connu, on l'appelle Souple-Tam.

— Sur mon ame, André, vous ne serez content que quand ma houssine aura fait connaissance avec vos épaules. Si vous n'allez chercher à l'instant l'autre cheval, je vous jure que vous porterez la peine de votre impudence.

André, malgré mes menaces, ne se pressait pas de m'obéir. Il me dit qu'il lui en coûterait une guinée de dédit pour rompre le marché qu'il avait fait, et quoique je visse bien que le coquin me prenait pour dupe, j'allais, en véritable Anglais, sacrifier de l'argent plutôt que de perdre du temps, quand M. Jarvie parut à sa porte. Il était botté, et couvert d'un manteau à capuchon, comme s'il se fût préparé à un hiver de Sibérie, et nous étions dans le temps de la moisson. Deux de ses commis, précédés par Mattie, conduisaient le coursier sage et paisible qui avait l'honneur de porter le digne magistrat dans ses excursions. Avant de se mettre en selle, il me demanda pour quelles raisons je grondais mon domestique, et ayant appris la manœuvre d'André, il coupa court à tout débat, en prononçant que, s'il ne rendait sur-le-champ son animal tripède à celui de qui il prétendait l'avoir acheté, et s'il ne représentait le quadrupède plus utile qu'il avait disgracié, il l'enverrait en prison et le condamnerait à une amende de la moitié de ses gages. — M. Osbaldistone, lui dit-il, vous paie pour votre service et pour celui de votre cheval, pour le service de deux bêtes entendez-vous, pendard? J'aurai l'œil sur vous pendant le voyage.

— Cela ne servirait à rien de me mettre à l'amende, dit André d'un ton d'humeur, je n'ai pas le premier sou pour payer. On ne peut prendre les culottes d'un Highlander.

— Mais vous avez au moins une carcasse qu'on peut mettre en prison, et j'aurai soin qu'on vous y traite comme vous le méritez.

André fut donc obligé de se soumettre aux ordres de M. Jarvie, et il partit en murmurant entre ses dents :
— Mal prend d'avoir tant de maîtres, comme disait la grenouille à la herse, dont chaque coup de dent la blessait.

Il paraît qu'il ne trouva pas beaucoup de difficulté à se débarrasser de Souple-Tam, et à reprendre possession de son ancienne monture ; car l'échange fut effectué en quelques minutes, et jamais il ne me parla de l'argent qu'il prétendait avoir eu à payer à titre de dédit.

Nous partîmes enfin ; mais nous n'étions pas au bout de la rue dans laquelle M. Jarvie demeurait, que nous entendîmes derrière nous de grands cris : arrêtez! arrêtez! Nous fîmes halte à l'instant, et nous vîmes accourir à toutes jambes les deux commis du banquier qui lui apportaient deux derniers gages du zèle et de l'attachement de Mattie : l'un était un immense mouchoir de soie qui aurait pu servir de voile à un des bâtimens qu'il envoyait aux Indes occidentales, et que mistress Mattie l'engageait à mettre autour de son cou, par-dessus sa cravate, ce qu'il ne manqua pas de faire; l'autre était une recommandation verbale de la part de la femme de ménage, qu'il eût bien soin de ne pas se fatiguer. Je crus remarquer que le jeune homme chargé de cette dernière commission avait grande peine à s'empêcher de rire en s'en acquittant. — C'est bon! c'est bon! répondit M. Jarvie : dites-lui qu'elle est folle. Cela prouve pourtant un bon cœur, ajouta-t-il en se tournant vers moi. Mattie est une femme attentive, quoiqu'elle soit encore bien jeune. En parlant ainsi, il pressa les flancs de son coursier, et nous nous trouvâmes bientôt hors des murs de Glascow.

Tandis que nous cheminions sur une assez belle route qui nous conduisait au nord-est de la ville, j'eus occasion d'apprécier et d'admirer les bonnes qualités de mon nouvel ami. Quoique, de même que mon père, il estimât le commerce comme l'objet le plus important de la vie humaine, cependant il n'en était pas engoué au point de mépriser toute autre connaissance. Au contraire, malgré la manière bizarre et souvent triviale dont il s'exprimait, malgré une vanité d'autant plus ridicule qu'il cherchait à la cacher sous un voile d'humilité bien transparent; enfin, quoiqu'il fût dépourvu de tous les avantages qui résultent d'une éducation soignée,

M. Jarvie, dans sa conversation, prouvait à chaque instant qu'il avait l'esprit observateur, juste, libéral, et même aussi cultivé que les circonstances le lui avaient permis. Il connaissait assez bien les antiquités locales, et il me racontait les événemens mémorables qui s'étaient passés dans les lieux que nous traversions. Il n'était pas moins instruit dans l'histoire ancienne de sa ville natale, et sa sagacité entrevoyait déjà dans l'avenir les avantages dont elle ne devait jouir que bien des années après. Je remarquai aussi, et avec grand plaisir, que, quoiqu'il fût Écossais dans la force du terme, il n'en était pas moins disposé à rendre justice à l'Angleterre. Lorsque André, que le bailli, soit dit en passant, ne pouvait souffrir, imputait le moindre accident qui nous arrivait, comme, par exemple, celui d'un cheval qui se déferrait, à l'influence fatale de l'union de l'Écosse à l'Angleterre, M. Jarvie jetait sur lui un regard sévère, et lui disait :

— Paix, monsieur, paix ! Ce sont de mauvaises langues, comme la vôtre, qui répandent des semences de haine entre les voisins et les nations. Il n'y a rien de si bien qui ne puisse être mieux, et c'est ce qu'on peut dire de l'acte d'union. Nulle part on ne s'est prononcé contre elle d'une manière plus décidée qu'à Glascow ; nous avons eu des rassemblemens, des séditions, des soulèvemens : mais c'est un bien mauvais vent que celui qui n'est bon pour personne. Il faut prendre les choses comme on les trouve. Depuis le temps où saint Mungo pêchait des harengs dans la Clyde, jusqu'à nos jours, avait-on vu le commerce étranger fleurir à Glascow ? Il ne faut donc pas maudire l'Union, puisque c'est elle qui nous a ouvert le chemin de l'Amérique.

André Fairservice n'était pas homme à se rendre à ce raisonnement ; il fit même une espèce de protestation en grommelant entre ses dents : — C'était un triste changement que de voir faire en Angleterre des lois pour l'Écosse ! Quant à lui, il ne voudrait pas, pour tous les barils de harengs de Glascow, ni pour tout le sucre et tout le café des colonies, avoir renoncé au parlement d'Écosse, et envoyé notre couronne, notre épée, notre sceptre et notre argent en Angleterre, pour être gardés dans la Tour de Londres par ces mangeurs de plum-puddings. Qu'est-ce que sir William Wallace ou le vieux sir David Lyndsay auraient dit de l'Union et de ceux qui y ont consenti ?

La route sur laquelle nous voyagions pendant ces discussions avait pris un aspect plus agreste à deux milles de Glascow, et plus nous avancions, plus le pays me paraissait sauvage. Devant, derrière et autour de nous, s'étendaient de continuelles et vastes bruyères, dont la désespérante aridité tantôt offrait aux regards un espace de terrain plat et coupé par des flaques d'eau qui se cachent sous une verdure perfide, ou sous une tourbe noire, et qu'on appelle *peat-bogs* en Écosse (1), tantôt formait des élévations énormes qui manquaient de la dignité des montagnes, quoique plus pénibles encore à gravir pour le voyageur. Pas un arbre, pas un buisson ne reposait l'œil fatigué de ce sombre tableau d'une stérilité uniforme. La bruyère elle-même était de cette espèce rabougrie qui ne parvient tout au plus qu'à une floraison imparfaite; et qui, autant que je puis le savoir, couvre la terre de son vêtement le plus commun,

---

(1) *Peat-bogs*, fondrières à tourbes. — Tr.

par sa qualité et sa nuance. Aucun être vivant ne s'offrit à nos regards, si ce n'est quelques moutons, dont la laine était d'une étrange diversité de couleur, noire, bleue et orange; c'était principalement sur leurs têtes et leurs jambes que le noir dominait. Les oiseaux mêmes semblaient fuir ce désert, d'où ils auraient eu peine à s'échapper, et je n'y entendis que le cri monotone et plaintif du vanneau et du courlis.

Cependant au dîner, que nous fîmes dans le plus misérable des cabarets, nous eûmes le bonheur de reconnaître que ces oiseaux criards n'étaient pas les seuls habitans des bruyères. La vieille bonne-femme (1) nous dit que le *bon-homme* (2) avait été — à la montagne, — et cela fut très-heureux pour nous, car elle nous servit les produits de sa *chasse,* sous la forme de quelque oiseau en grillades. Elle y joignit du saumon salé, du fromage de lait de vache et du pain d'avoine; c'était tout ce que sa maison pouvait fournir. De la bière très-ordinaire, dite *two penny* (3), et un verre de très-bonne eau-de-vie complétèrent notre repas; et, comme nos chevaux avaient fait le leur en même temps, nous nous remîmes en route avec une nouvelle ardeur.

J'aurais eu besoin de toute la gaieté que peut inspirer le meilleur dîner, pour résister au découragement qui s'emparait insensiblement de moi quand j'associais dans ma pensée l'étrange incertitude du succès de mon voyage avec l'aspect de désolation que présentait le pays que nous parcourions. En effet nous traversâmes des déserts

(1) La ménagère. — Éd.
(2) Le mari. — Éd.
(3) A deux sous. — Tr.

encore plus mornes, encore plus tristes et plus sauvages, s'il est possible, que ceux que nous avions vus dans la matinée. Les misérables huttes qui, çà et là, annonçaient l'existence de quelques créatures humaines, devenaient plus rares à mesure que nous avancions, et quand nous commençâmes à gravir un terrain d'une élévation progressive, elles disparurent tout-à-fait.

Enfin nous aperçûmes bien loin de nous sur la gauche une chaîne de montagnes qui semblaient d'un bleu foncé. Elles s'étendaient du nord au nord-ouest, et occupèrent toute mon imagination. Là je verrais un pays peut-être aussi sauvage, mais sans doute bien autrement intéressant que celui dans lequel nous étions alors. Leurs pics paraissaient s'élever jusqu'aux nues, et présentaient aux yeux une variété de coupes pittoresques bien différentes de l'uniformité fatigante des hauteurs que nous avions gravies jusque-là. En contemplant cette région alpine, je brûlais du désir de faire connaissance avec les solitudes qu'elle devait renfermer, et de braver tous les périls pour satisfaire ma curiosité, de même que le marin fatigué de la monotonie d'un long calme voudrait l'échanger pour le mouvement et les risques d'un combat ou d'une tempête. Je fis diverses questions à mon ami M. Jarvie sur le nom et la position de ces montagnes remarquables, mais il ne put ou ne voulut pas y répondre. Il me dit seulement que c'était là que commençaient les Highlands. — Vous avez tout le temps de voir les Highlands, répéta-t-il, vous en aurez tout le temps avant de revenir à Glascow. Pour moi je ne les regarde jamais d'avance, je n'aime pas à les voir; elles jettent de la tristesse dans mon ame. Ce n'est pas frayeur, au moins; non ce n'est pas frayeur. C'est.....

c'est compassion pour les pauvres créatures à demi mourant de faim qui les habitent. Mais n'en parlons plus. Il ne faut point parler des Highlanders quand on en est si proche : j'ai connu plus d'un honnête homme qui ne serait pas venu jusqu'ici sans faire son testament. Mattie n'était pas trop contente de me voir entreprendre un tel voyage; elle a pleuré, la folle! mais il n'est pas plus étonnant de voir une femme pleurer que de voir une oie marcher sans souliers.

Je tâchai de faire tomber la conversation sur l'histoire et le caractère de l'homme que nous allions voir; mais sur ce sujet M. Jarvie fut impénétrable; ce que j'attribuai en partie à la présence de M. André Fairservice, qui nous suivait de si près que ses oreilles ne pouvaient se dispenser d'entendre chaque mot que nous prononcions; et sa langue prenait la liberté de se mêler à la conversation toutes les fois qu'il en trouvait l'occasion. Mais alors M. Jarvie ne manquait guère de le tancer.

— Restez derrière, monsieur, et à la distance qui vous convient, lui dit le bailli comme il s'avançait pour mieux entendre la réponse à une question que je lui avais faite sur Campbell; vous vous mettriez à côté de nous si l'on vous laissait faire. Ce gaillard-là veut toujours sortir du moule à fromage dans lequel il a été jeté. A présent qu'il ne peut plus nous entendre, M. Osbaldistone, je vais répondre à votre question autant que cela me sera possible et pourra vous être utile. Je ne puis vous dire grand bien de Rob, pauvre diable! et je ne veux pas vous en dire de mal, d'abord parce qu'il est mon cousin, et ensuite parce que nous sommes dans son pays, et qu'il n'y a pas un buisson derrière lequel un de ses gens ne puisse être caché. Si vous voulez m'en croire, moins vous parlerez de lui, du lieu où nous allons, et du motif de notre voyage, plus nous aurons d'espoir de réussir. Nous pouvons rencontrer quelqu'un de ses ennemis; il en a plus d'un dans ces environs. Il a encore la tête droite, mais il peut être obligé de la baisser. Vous savez que le couteau entame quelquefois la peau du plus fin renard.

— Je suis bien décidé, lui répondis-je, à me laisser entièrement guider par votre expérience.

— Fort bien, M. Osbaldistone, fort bien. Mais il faut que je dise deux mots à ce garnement, car les enfans et les imbéciles répètent souvent en plein air ce qu'ils ont entendu au coin du feu. Holà, hé! André! Comment l'appelez-vous? Fairservice?

André, qui, depuis la dernière rebuffade qu'il avait reçue, se tenait à une distance respectueuse, jugea à propos de faire la sourde oreille.

— André, maraud! répéta M. Jarvie; ici, monsieur, ici!

— C'est ainsi qu'on parle à un chien! dit André en s'approchant d'un air d'humeur.

— Et je vous donnerai les gages d'un chien, maraud! si vous ne faites pas attention à ce que j'ai à vous dire. Écoutez-moi bien. Nous allons donc dans les Highlands.....

— Je m'en doutais bien, dit André.

— Écoutez-moi, monsieur, et ne m'interrompez pas. Je vous disais donc que nous allons dans les Highlands.....

—Vous me l'avez déjà dit, je ne l'ai pas oublié, répondit l'incorrigible André.

—Je vous briserai les os, si vous ne retenez votre langue.

—Une langue retenue rend la bouche baveuse, répliqua André.

Je fus obligé d'intervenir dans ce colloque, et j'imposai silence à André du ton le plus impérieux.

—Je ne dis plus un mot, me répondit-il. Ma mère m'a répété plus d'une fois :

> Qui tient la bourse à son plaisir
> A droit de se faire obéir.

Ainsi vous pouvez parler l'un ou l'autre tant qu'il vous plaira. Je suis muet.

Après cette docte citation, M. Jarvie, craignant qu'elle ne fût suivie d'une autre, s'empressa de prendre la parole pour lui donner ses instructions :

—Faites donc bien attention à ce que je vais vous dire, si vous avez quelque égard pour votre tête, quoiqu'elle ne vaille pas grand argent. Dans l'endroit où nous allons, et où il est probable que nous passerons la nuit, il se trouve des gens de toutes les sectes, de tous les partis, de tous les clans, des habitans des hautes terres, ou Highlands, et des habitans des basses terres, ou Lowlands, leurs voisins. Ils sont souvent en querelles, et l'on y voit moins de bibles ouvertes que de sabres hors du fourreau, surtout quand l'usquebaugh a monté les têtes. Ne vous mêlez pas de leurs affaires ; faites rester en repos votre langue bavarde ; entendez tout sans rien dire, et laissez les coqs se battre.

—Ce n'est pas la peine de me dire tout cela, répliqua André d'un air de dédain. Croyez-vous que je n'aie jamais vu un Highlander; que je ne sache pas comment il faut se conduire avec eux? Je n'ai besoin des leçons de personne. J'ai trafiqué avec eux, mangé avec eux, bu avec eux.....

— Et vous êtes-vous aussi battu avec eux?

— Non, non; j'ai toujours pris soin de m'en préserver. Il ne conviendrait pas que moi, qui suis dans mon métier un artiste, un demi-savant, j'allasse me battre avec des ignorans qui ne sauraient dire en bon écossais, encore moins en latin, le nom d'une seule plante de leurs montagnes.

— Eh bien! si vous voulez conserver votre langue et vos oreilles, car vous aimez à faire usage de l'une comme des autres, je vous recommande de ne pas dire un mot, ni en bien ni en mal, à qui que ce soit dans le clan. Surtout faites bien attention à ne point bavarder sur nous, à ne pas chercher à faire sonner le nom de votre maître et le mien. N'allez pas dire : Celui-ci est le bailli Nicol Jarvie de Glascow, fils du digne diacre Nicol Jarvie, dont tout le monde a entendu parler. Celui-là est M. Frank Osbaldistone, fils unique du chef de la respectable maison Osbaldistone et Tresham, dans la cité, à Londres.

— C'est bon! c'est bon! pourquoi voulez-vous que j'aille parler de vos noms? J'aurais des choses plus intéressantes à dire, je crois.

— Et précisément, sot oison, ce sont ces choses intéressantes que vous pouvez avoir apprises, entendues, devinées ou imaginées, dont je crains que vous ne parliez à tort et à travers.

— Si vous ne me jugez pas en état de parler aussi bien qu'un autre, dit André d'un ton suffisant, payez-moi mes gages et ma nourriture, et je retournerai à Glascow..... Il n'y aura pas de grands regrets à notre séparation, comme disait la vieille jument au chariot brisé.

Voyant qu'André prenait encore une fois un ton d'impertinence qui allait me rendre son service plus nuisible qu'utile, je lui déclarai ouvertement qu'il pouvait s'en retourner si bon lui semblait, mais que je ne lui paierais pas un sou de ses gages. Un argument *ad crumenam*, comme disent certains logiciens en plaisantant, produit de l'effet sur presque tous les hommes, et André n'affectait pas de singularité sur ce point. Le limaçon rentra ses cornes, pour me servir de l'expression de M. Jarvie, et se retirant à quelques pas derrière nous, il nous suivit d'un air de soumission et de docilité.

La concorde étant ainsi rétablie, nous continuâmes paisiblement notre route. Après avoir monté pendant environ six à sept milles d'Angleterre, nous trouvâmes une descente à peu près de même longueur : le pays était toujours aussi stérile, la vue aussi uniforme. Le seul objet qui pût attirer nos regards étaient les montagnes, dont nous apercevions toujours les sommets escarpés, et qui ne nous paraissaient guère plus rapprochées que quelques heures auparavant. Nous marchâmes sans nous arrêter; et cependant, lorsque la nuit vint envelopper de ses ombres les déserts sauvages et arides que nous traversions, M. Jarvie me dit que nous avions encore trois milles et un peu plus à faire avant d'arriver à l'endroit où nous devions passer la nuit.

CHAPITRE XXVIII.

> « Baron de Bucklivy (1),
> « Que le diable t'emporte,
> « Si par toi fut bâti
> « Un hameau de la sorte !
>
> « Pas un morceau de pain
> « Au pauvre pèlerin !
> « Que le diable t'emporte,
> « Si par toi fut bâti
> « Un hameau de la sorte,
> « Baron de Bucklivy !
>
> « Pas une simple chaise
> « Pour s'asseoir à son aise !
> « Baron de Bucklivy,
> « Que le diable t'emporte,
> « Si par toi fut bâti
> « Un hameau de la sorte ! »
>
> *Vers populaires en Écosse sur une mauvaise auberge.*

La nuit était belle et la lune favorisait notre voyage. Grace à ses rayons le pays prenait un aspect plus intéressant que pendant le jour, dont la lumière ne faisait

(1) Hameau entre Drymen et Aberfoïl. — Éd.

qu'en découvrir la stérile étendue; les accidens de la lumière et des ombres prêtaient à ces lieux un certain charme qui ne leur appartenait pas naturellement : tel est le voile dont se couvre une femme sans attraits qui irrite notre curiosité sur ce qui n'a rien d'agréable en soi-même.

Nous continuions à descendre en tournant, et nous arrivâmes à des ravines plus profondes qui semblaient devoir nous conduire sur les bords de quelque ruisseau. Ce présage ne fut pas trompeur. Nous nous trouvâmes bientôt sur les bords d'une rivière qui ressemblait plus à celles d'Angleterre qu'aucune de celles que j'avais vues jusqu'alors en Écosse. Elle était étroite, profonde, et ses eaux coulaient en silence. La clarté imparfaite réfléchie par son sein paisible nous fit voir que nous étions au milieu des montagnes élevées où elle prend sa source. — C'est le Forth, — me dit M. Jarvie avec cet air de respect que j'ai toujours remarqué dans les Écossais pour leurs principales rivières. On a vu même des duels occasionés par quelques mots peu révérencieux prononcés sur la Clyde, la Tweed, le Forth et le Spey. Je ne saurais critiquer cet innocent enthousiasme, et je reçus l'annonce de mon ami avec la même importance qu'il semblait y attacher. Dans le fait je n'étais pas fâché, après un voyage si long et si ennuyeux, d'approcher d'un pays qui promettait de distraire mon imagination. Il n'en fut pas de même de mon fidèle écuyer, et lorsque l'information officielle — c'est le Forth, — fut prononcée, je l'entendis murmurer à voix basse : — Hum ! s'il avait dit, C'est l'auberge, ce serait une meilleure nouvelle.

Quoi qu'il en soit, le Forth, autant que j'en pus juger à la clarté imparfaite de la lune, me parut mériter le tribut d'admiration que lui accordent ceux qui habitent non loin de ses bords. Une belle éminence de la forme sphérique la plus régulière, couverte d'un taillis de coudriers, de frênes et de chênes nains, mêlés de quelques vieux arbres qui élevaient au-dessus leur tête majestueuse, semblait protéger le berceau où cette rivière prenait naissance. Mon digne compagnon me fit part à ce sujet d'une opinion répandue dans le voisinage; et tout en m'assurant qu'il n'en croyait pas un mot, le ton bas et mystérieux avec lequel il en parlait, prouvait que son incrédulité n'était pas bien affermie. Cette montagne si belle et si régulière, couronnée d'une telle variété d'arbres et de taillis, passait pour renfermer dans ses invisibles cavernes les palais des fées, êtres qui tenaient le milieu entre l'homme et les démons, et qui, sans être positivement malveillans pour le genre humain, devaient pourtant être soigneusement évités, à cause de leur caractère capricieux, irritable et vindicatif.

— On les appelle, continua M. Jarvie en baissant encore davantage la voix, *Daoine Schie* (1), ce qui veut dire, comme on me l'a expliqué, hommes de paix. C'est sans doute pour gagner leur bienveillance qu'on les a nommés ainsi, et je ne vois pas pourquoi nous ne leur donnerions pas aussi ce nom, M. Osbaldistone, car il n'est pas sage de mal parler du laird dans ses domaines. Apercevant alors de loin quelques lumières : — Après tout, continua-t-il d'un ton plus ferme, ce sont autant d'illusions de l'esprit de mensonge, et je ne crains pas de le dire... car voilà les lumières du clachan d'Aberfoïl, et nous sommes près du terme de notre voyage.

(1) Voyez une note de *la Dame du lac* sur ces mots. — Éd.

Cette nouvelle me fit grand plaisir, moins parce qu'elle rendait à mon digne ami la liberté d'exprimer sans risque ses véritables sentimens sur les *Daoine Schie*, que parce qu'elle nous promettait quelques heures de repos, dont nous et nos montures avions grand besoin après avoir fait plus de cinquante milles.

Nous traversâmes le Forth à sa source sur un vieux pont de pierres, très-élevé et très-étroit (1). Mon conducteur m'apprit cependant que, pour franchir cette rivière et toutes ses eaux tributaires, le passage général des Highlands du côté du sud avait lieu par ce qu'on appelait les Gués de Frew, toujours très-profonds et très-difficiles, souvent même impraticables. Au-dessous de ces gués, on ne peut le traverser qu'en remontant à l'est jusqu'au pont de Stirling, de sorte que le Forth forme une barrière naturelle entre les Highlands et les Lowlands d'Écosse, depuis sa source jusqu'au frith ou golfe par lequel il se perd dans l'Océan. Les événemens que je vais rapporter, et dont nous fûmes témoins, m'engagent à citer l'expression énergique et proverbiale du bailli Jarvie, qui me dit que — le Forth était la bride des montagnards. —

Environ un mille après avoir passé le pont, nous nous trouvâmes à la porte de l'auberge où nous devions passer la nuit. C'était une hutte plus misérable

---

(1) L'auteur s'accuse lui-même dans sa préface d'avoir mis ce pont sur le Forth trente ans trop tôt.

.... Pictoribus atque poetis
Hanc veniam plerumque damus petimusque vicissim.

Voyez sur la carte l'itinéraire d'ailleurs très-bien indiqué par sir Walter Scott depuis Glascow jusqu'à Aberfoil. — ÉD.

encore que celle où nous avions dîné : mais on voyait briller de la lumière à travers les petites croisées, on entendait différentes voix dans l'intérieur, et tout nous faisait espérer que nous y trouverions un gîte et un souper, ce qui ne nous était nullement indifférent.

André fut le premier à nous faire remarquer une branche de saule dépouillée de son écorce, placée sur le seuil de la porte entr'ouverte. Il fit un pas en arrière :
— N'entrez pas, nous dit-il, n'entrez pas. Cette branche annonce qu'il se trouve là quelques-uns de leurs chefs ou grands hommes, qui sont à boire l'usquebaugh (1) et qui ne veulent pas être interrompus. Le moins qui puisse nous arriver, si nous y montrons notre nez, c'est d'attraper quelques coups sur la tête, à moins que quelqu'un d'eux n'ait la fantaisie de réchauffer dans notre chair la lame de son dirk, ce qui est possible.

— Je crois, me dit M. Jarvie à voix basse, en réponse à un regard que je lui adressai, que le coucou a raison de chanter une fois l'an.

Deux ou trois filles à demi vêtues parurent à la porte du cabaret et de deux ou trois chaumières voisines, en entendant le bruit de nos chevaux, et ouvrirent de grands yeux en nous voyant; mais pas une ne s'approcha de nous pour nous offrir ses services, et, à chaque question que nous fîmes, on nous répondit constamment : — *Ha niel sassenach* (2). M. Jarvie, qui avait de l'expérience, trouva pourtant bientôt le moyen de leur faire parler anglais. Prenant par le bras un enfant de dix à onze ans, qui n'avait pour tout vêtement

(1) Le *Whiskey*, eau-de-vie de grain. — Éd.
(2) C'est-à-dire : Je ne sais pas l'anglais. — Éd.

qu'un lambeau de vieux plaid, et lui montrant un bawbie (1) :

— Si je vous donne cela, lui dit-il, entendrez-vous le sassenach ?

— Oui, oui! répondit le marmot en bon anglais, très-certainement.

— Eh bien! mon enfant, allez dire à votre maman qu'il y a ici deux messieurs qui désirent lui parler.

L'hôtesse arriva sur-le-champ, tenant en main un morceau de bois de sapin allumé. La térébenthine de cette espèce de torche qu'on tire généralement des fondrières à tourbe lui donne un éclat pétillant qui fait qu'on l'emploie fréquemment dans les Highlands au lieu de chandelle. La lumière éclairait les traits inquiets et sauvages d'une femme pâle, maigre, et d'une taille plus qu'ordinaire, dont les vêtemens malpropres et en haillons atteignaient tout au plus le but que se propose la décence, à l'aide d'un plaid, ou mantelet de tartan, et ne pouvaient lui être d'aucune autre utilité. Ses cheveux noirs s'échappant en désordre de sa coiffe, l'air étrange et embarrassé avec lequel elle nous regardait, tout en un mot donnait en la voyant l'idée d'une sorcière interrompue au milieu de ses coupables rites.

Elle refusa positivement de nous recevoir. Nous insistâmes, nous fîmes valoir le long voyage que nous venions de faire, le besoin que nous éprouvions de repos et de nourriture, nous et nos chevaux, et l'impossibilité de trouver un autre gîte avant d'arriver à Callender, village qui, d'après M. Jarvie, était encore éloigné de

---

(1) Un demi-*penny* anglais, ou un sou de notre livre tournois; du français *basse pièce* selon les étymologistes. — Éd.

sept milles d'Écosse. Je n'ai jamais pu savoir bien au juste combien cette distance produit en milles d'Angleterre; mais je crois qu'on peut la calculer au double sans courir le risque de se tromper beaucoup. L'hôtesse obstinée n'eut aucun égard à mes remontrances. — Il vaut mieux aller plus loin que de vous attirer malheur, nous dit-elle en se servant du dialecte écossais des Lowlands, car elle était native du comté de Lennox; ma maison est occupée par des gens qui ne verraient pas de bon œil des étrangers. Ils attendent du monde, peut-être des Habits-Rouges de la garnison. Elle appuya sur ces derniers mots avec emphase, tout en baissant la voix pour les prononcer. — La nuit est belle, ajouta-t-elle; une nuit passée dans la plaine vous rafraîchira le sang. Vous pouvez bien dormir sous vos manteaux comme une lame dans son fourreau. — Il n'y a guère de fondrières, si vous choisissez bien votre gîte, et vous pouvez attacher vos chevaux à quelque arbre des hauteurs, personne ne leur dira rien.

— Mais, ma bonne femme, lui dis-je pendant que le bailli soupirait et restait dans l'indécision, il y a six heures que nous avons dîné; nous n'avons rien pris depuis ce temps, je meurs véritablement de faim, et je n'ai pas envie d'aller me coucher sans souper dans vos montagnes. Il faut absolument que j'entre; faites vos excuses à vos hôtes pour introduire deux étrangers dans leur compagnie. André, conduisez nos chevaux dans l'écurie, et venez nous rejoindre.

L'Hécate de ce lieu me regarda d'un air de surprise en s'écriant:

— On ne peut pas empêcher un entêté de faire ce qui lui plaît: que ceux qui veulent aller à Cupar y aillent (1). Voyez ces gourmands d'Anglais ! en voilà un qui convient qu'il a déjà fait un bon repas dans la journée, et il risquerait sa vie plutôt que de se passer de souper ! Mettez du rostbeef et du pudding de l'autre côté du précipice de Tophet, et un Anglais sautera par-dessus pour y arriver; mais je m'en lave les mains ! — Suivez-moi, monsieur, dit-elle à André; je vais vous montrer l'écurie.

Je l'avoue, les expressions de l'hôtesse ne me plaisaient guère : elles semblaient annoncer quelque danger; mais je ne voulus pas reculer après avoir déclaré ma résolution, et j'entrai hardiment dans la maison. Après avoir risqué de me rompre les jambes contre un baquet qui se trouvait dans un étroit vestibule, j'ouvris une mauvaise porte en joncs, et je me trouvai, ainsi que M. Jarvie qui me suivait, dans le principal appartement de ce caravansérail écossais.

L'intérieur présentait un aspect singulier pour des yeux anglais. Le feu, alimenté par des tourbes et des branches de bois sec, brûlait au milieu de la salle, et la fumée, n'ayant d'autre issue qu'un trou pratiqué à la toiture, tournoyait autour des solives de la hutte, suspendue en noirs flocons à cinq pieds au-dessus du plancher. L'espace inférieur était tenu assez libre par d'innombrables courans d'air qui arrivaient sur le feu par les fentes du panneau d'osier servant de porte, par deux trous carrés servant de fenêtres, et bouchés seulement, l'un avec un plaid, l'autre avec les haillons d'une capote, et surtout par les crevasses des murs, construits en cailloux et en tourbes cimentés avec de la boue.

(1) Proverbe expliqué par la phrase précédente. — Éd.

Devant une vieille table de chêne, placée près du feu, étaient assis trois hommes qu'il était impossible de regarder d'un œil indifférent. Deux d'entre eux avaient le costume des Highlands. L'un, de petite taille, le teint basané, l'œil vif, les traits animés, l'air irritable, portait des *trews*, pantalons serrés, en une espèce de tricot de diverses couleurs. Le bailli me dit à l'oreille que c'était bien certainement un personnage de quelque importance, car les seuls Duinhéwassels (1) portaient des *trews*, et qu'il était même très-difficile de les fabriquer au goût highlandais.

L'autre était un homme grand et vigoureux, ayant des cheveux roux, la figure bourgeonnée, les pommettes saillantes, et le menton à angle aigu, — espèce de caricature des traits nationaux de l'Écosse. Le *tartan* de ses vêtemens différait de celui de son compagnon par une plus grande quantité de carreaux rouges, tandis que le noir et le vert foncé dominaient dans le tissu de l'autre.

Le troisième avait le costume des Lowlands. Il avait le regard fier et hardi, des membres robustes et la tournure militaire. Sa redingote était couverte d'une profusion de galons, et son chapeau à cornes avait des dimensions énormes. Son sabre court et ses pistolets étaient sur la table devant lui. Les deux Highlanders avaient aussi devant eux leurs dirks nus, la pointe enfoncée dans la table. J'appris ensuite que c'était un signe qu'il fallait qu'aucune querelle n'interrompît

---

(1) Gentilhomme. Les notes du premier volume de *Waverley* nous dispensent d'expliquer ici plus longuement ce mot et quelques autres de l'idiome des Highlands, avec lesquels le lecteur de Walter Scott doit déjà être familier. — Éd.

où troublât leurs libations. Un grand pot d'étain placé au milieu de la table pouvait contenir quatre pintes d'*usquebaugh*, liqueur presque aussi forte que l'eau-de-vie, que les Highlanders distillent de la drèche, et dont ils boivent une quantité excessive. Un verre cassé, et monté sur un pied de bois, servait de coupe et circulait avec une rapidité merveilleuse. Ces hommes parlaient tous ensemble et très-haut, tantôt en anglais, tantôt en gaélique.

Un autre Highlander, enveloppé dans son plaid, était couché sur le plancher, la tête appuyée sur une pierre avec une botte de paille pour oreiller. Il dormait ou semblait dormir, sans faire attention à ce qui se passait autour de lui. Il paraissait aussi être étranger, car il portait l'épée et le bouclier, armes ordinaires de ses compatriotes quand ils voyagent. Le long des murs on voyait des lits ou crèches de différentes formes, les uns faits avec de vieilles planches, les autres avec des claies en osier, et c'était là que dormait toute la famille, hommes, femmes et enfans, sans autres rideaux que l'épaisse fumée qui s'élevait de tous côtés.

Nous avions fait si peu de bruit en entrant, et les buveurs que j'ai décrits étaient si animés à leur discussion, qu'ils furent quelques minutes sans s'apercevoir de notre arrivée ; mais je remarquai que le Highlander couché près du feu se souleva sur le coude, écarta le plaid qui lui couvrait le visage ; et, nous ayant regardés un instant, reprit sa première attitude comme pour se livrer de nouveau au sommeil que nous avions interrompu.

Nous nous approchâmes du feu, qui ne nous était pas indifférent après avoir voyagé pendant une soirée très-froide, au milieu des montagnes, et ce fut en appelant l'hôtesse que j'attirai sur nous l'attention de la compagnie. Elle s'approcha, jeta des regards inquiets tantôt sur nous, tantôt sur ses autres hôtes, et lorsque je lui dis de nous servir à manger, elle nous répondit en hésitant et avec un air d'embarras qu'elle ne savait pas..... qu'elle ne croyait pas..... qu'il y eût rien chez elle....., rien qui pût nous convenir.

Je l'assurai que nous étions fort indifférens sur la qualité des mets qu'elle pourrait nous offrir, mais qu'il nous fallait quelque chose. Renversant un baquet et une cage à poulets vide, j'en fis deux sièges pour M. Jarvie et pour moi, et André, qui entra en ce moment, se tint debout en silence derrière nous. Les naturels du pays, comme je puis bien les appeler, nous regardaient d'un air qui exprimait qu'ils étaient confondus de notre assurance, et nous cachâmes de notre mieux, sous un air d'indifférence, l'inquiétude que nous avions en secret sur l'accueil que nous feraient ceux qui nous avaient précédés en ce lieu.

Enfin le moins grand des Highlanders, s'adressant à moi, me dit en bon anglais et d'un air de hauteur : — Vous vous mettez à votre aise comme chez vous, monsieur !

— C'est ce que je fais toujours, répondis-je, quand je me trouve dans une maison ouverte au public.

— Et vous n'avez pas vu, dit le plus grand, par la branche placée à la porte, que des gentlemans ont pris la maison publique pour s'y occuper de leurs affaires privées ?

— Je ne suis pas obligé de connaître les usages de ce pays, mais il me reste à apprendre comment trois personnes peuvent avoir le droit d'exclure tous les voyageurs de la seule auberge qui se trouve à plusieurs milles à la ronde.

— Cela n'est pas raisonnable, messieurs, dit M. Jarvie ; nous ne voulons pas vous offenser, mais en conscience cela n'est pas raisonnable ni autorisé par la loi. Mais pour établir la bonne intelligence, si vous voulez partager avec nous un pot d'eau-de-vie, gens paisibles que nous sommes.....

— Au diable votre eau-de-vie, monsieur, dit le Lowlander en enfonçant fièrement son chapeau sur sa tête ! nous ne voulons ni de votre eau-de-vie ni de votre compagnie. En parlant ainsi il se leva : ses compagnons en firent autant, et se parlèrent à mots entrecoupés, ajustant leurs plaids, et reniflant l'air comme font leurs compatriotes quand ils veulent se mettre en colère.

— Je vous ai prévenu de ce qui arriverait, messieurs, nous dit l'hôtesse avec humeur, et je devais vous le dire. Sortez de ma maison. Il ne sera pas dit que des gentilshommes seront troublés chez Jeannie Mac-Alpine si elle peut l'empêcher. Des rôdeurs anglais qui courent le pays pendant la nuit viendront déranger d'honnêtes gentilshommes qui boivent tranquillement au coin du feu !

Dans tout autre moment j'aurais pensé au proverbe latin :

« *Dat veniam corvis, vexat censura columbas* (1). »

Mais ce n'était pas l'instant de faire une citation classique, car il me paraissait évident qu'on allait nous

(1) Dame censure, indulgente aux corbeaux,
Vexe à plaisir les pauvres tourtereaux. — Éd.

chercher querelle. Je m'en inquiétais peu pour moi-même, tant j'étais indigné de l'insolence de ces gens inhospitaliers; mais j'en étais fâché à cause de mon compagnon, dont les qualités physiques et morales n'étaient guère propres à mettre à fin une pareille aventure. Je me levai pourtant quand je vis les autres se lever, je me débarrassai de mon manteau pour être prêt à me mettre plus aisément sur la défensive.

— Nous sommes trois contre trois, dit le moins grand des deux Highlanders en jetant les yeux sur nous; si vous êtes des hommes, dégaînons. En parlant ainsi il tira sa claymore et s'avança contre moi. Je me mis en défense sans craindre beaucoup l'issue de ce combat, comptant sur la supériorité de mon arme et sur ma science en escrime.

Le bailli m'imita avec plus de résolution que je ne l'en aurais cru capable.

Voyant le géant Highlandais s'avancer contre lui l'arme haute, il secoua une ou deux fois la poignée de sa lame qu'il appelait sa *shabble* (1), et, la trouvant paresseuse à quitter le fourreau où la rouille la fixait depuis long-temps, il saisit un soc de charrue dont on s'était servi en guise de poker (2), et qui était complètement rouge. Il le fit brandir avec tant d'effet qu'il accrocha le plaid de son adversaire et le jeta sur le brasier. Celui-ci le ramassa aussitôt, et donna quelques instans de répit au bailli, tandis qu'il s'occupait à éteindre le feu qui en consumait déjà une partie.

(1) Expression familière qui revient à notre mot de rapière ou flamberge. — Éd.

(2) *Poker,* fer à tisonner. — Éd.

André, au contraire, qui aurait dû faire face au champion des Lowlands, je le dis à regret, avait trouvé le moyen de disparaître dès le commencement de la querelle. Mais son antagoniste, l'ayant vu s'enfuir, s'écria : — Partie égale ! partie égale ! et se contenta avec courtoisie de rester spectateur du combat.

Mon but était de désarmer mon ennemi ; mais je n'osais en approcher de trop près, de crainte du dirk qu'il tenait de la main gauche, et dont il se servait pour parer les coups que je lui portais, tandis qu'il m'attaquait de la droite. Cependant le bailli, malgré son premier succès, ne se défendait qu'avec beaucoup de peine. Le poids de l'arme dont il se servait, son embonpoint, et même sa colère, avaient déjà épuisé ses forces ; il allait se trouver à la merci de son adversaire quand le dormeur, éveillé par le bruit des armes, se leva tout à coup, et ayant porté les yeux sur lui se jeta, l'épée nue d'une main et la targe de l'autre, entre le magistrat hors d'haleine et son assaillant : — *Elle* a mangé le pain de la ville de Glascow, s'écria-t-il, et sur sa foi c'est elle qui se battra pour le bailli Sharvie dans le clachan d'Aberfoïl. — Et joignant les actions aux paroles, cet auxiliaire inattendu fit siffler sa lame aux oreilles de son compatriote à la haute taille, qui lui rendit ses coups avec usure. Mais étant tous deux armés de targes, boucliers de bois doublés de cuivre et couverts de peau, qu'ils opposaient avec succès à leurs coups réciproques, il résultait de ce combat plus de bruit que de danger véritable. Il paraît au surplus que nos agresseurs nous avaient attaqués par bravade plutôt que dans le dessein sérieux de nous blesser ; car l'habitant des Lowlands qui n'avait joué jusque-là que le rôle de spectateur, commença alors à se charger de celui de médiateur.

— Allons, retenez vos bras! retenez vos bras! en voilà assez, en voilà bien assez! Ce n'est pas une querelle à s'ensuivre mort d'homme. Les étrangers se sont montrés hommes d'honneur, ils nous ont donné satisfaction. Je suis aussi chatouilleux que personne sur l'honneur, mais je n'aime pas à voir répandre le sang sans nécessité.

Je n'avais nul désir de prolonger la querelle, et mon adversaire paraissait également disposé à remettre son épée dans le fourreau. Le bailli haletant pouvait être regardé comme *hors de combat*, et nos deux autres champions du bouclier et de la claymore finirent le leur avec autant d'indifférence qu'ils l'avaient commencé.

— Maintenant, dit notre pacificateur, buvons de bon accord comme de braves compagnons. La maison est assez grande pour que nous y tenions tous, il me semble. Je propose que le gros petit homme qui a l'air essoufflé dans cette querelle paie un pot d'eau-de-vie, j'en paierai un autre par représailles, et pour le surplus nous ferons sonner chacun nos *bawbies* comme des frères.

— Et qui me paiera mon beau plaid tout neuf, où le feu a fait un trou par lequel une marmite passerait? dit le grand Highlander. A-t-on jamais vu un homme de bon sens prendre une pareille arme pour se battre?

— Que ce ne soit pas un obstacle à la paix, s'écria le magistrat qui avait enfin repris haleine, et qui semblait disposé à jouir du triomphe de s'être conduit avec bravoure, et à éviter la nécessité de recourir à une médiation douteuse. — Puisque j'ai fait la blessure je saurai bien y appliquer l'emplâtre. Vous aurez un autre plaid, un des plus beaux, aux couleurs de votre clan. Dites-moi seulement où je dois vous l'envoyer de Glascow.

— Je n'ai pas besoin de vous nommer mon clan. Je suis du clan du roi, c'est une chose connue : mais vous n'avez qu'à prendre un échantillon de mon plaid... fi! fi! il sent comme une tête de mouton cuite à la fumée. Vous verrez par là l'espèce qu'il faut choisir. Un de mes cousins, un gentilhomme de Glascow qui doit aller vendre des œufs à la Saint-Martin, ira le chercher chez vous. Mais, brave homme, la première fois que vous vous battrez, si vous avez quelque égard pour votre adversaire, que ce soit avec votre épée, puisque vous en portez une, et non pas avec des tisons et des ferremens rougis au feu, comme un Indien sauvage.

— En conscience, répondit M. Jarvie, chacun fait ce qu'il peut. Ma rapière n'a pas vu le jour depuis la bataille du pont de Bothwell. C'est feu mon père qui la portait alors, et je ne sais même pas trop s'il la mit au grand air, car le combat ne fut pas long. Quoi qu'il en soit, la lame a pris tant d'amitié pour le fourreau, qu'il n'a pas été en mon pouvoir de l'en séparer; et voyant que vous m'attaquiez à l'improviste, j'ai saisi pour me défendre le premier outil qui m'est tombé sous la main. De bonne foi, le temps de se battre commence à passer pour moi, et cependant il ne faudrait pas qu'on me marchât sur le pied. Mais où est donc le brave garçon qui a pris si chaudement ma défense? Il faut qu'il boive un verre d'eau-de-vie avec nous, quand ce serait le dernier que je devrais boire de ma vie.

Le champion qu'il cherchait était devenu invisible. Il avait disparu, sans être observé de personne, à la fin de la querelle; mais à sa chevelure rousse et à ses traits sauvages j'avais déjà reconnu en lui notre ami Dougal, le porte-clefs fugitif de la prison de Glascow. J'en fis part à voix basse au bailli, qui me répondit sur le même ton : — Fort bien, fort bien! Je vois que celui que vous savez bien a eu raison de nous dire l'autre jour que ce Dougal a des éclairs de bon sens. Il faudra que je pense à quelque moyen de lui être utile.

Il s'assit alors sur la cage à poulets; et respirant enfin plus librement : — La mère (1), dit-il à l'hôtesse, maintenant que je vois que mon sac n'est pas troué, comme j'avais d'assez bonnes raisons pour le craindre, je voudrais avoir quelque chose à y mettre.

Dès que la dame avait vu la querelle apaisée, son humeur avait fait place à la complaisance la plus empressée, et elle se mit sur-le-champ à nous préparer à souper. Rien ne me surprit davantage dans cette affaire que le calme avec lequel elle et toute sa famille en furent témoins. Elle cria seulement à une servante : — Fermez la porte! fermez le porte! blessé ou tué, que personne ne sorte avant que l'écot soit payé. Quant à ceux qui dormaient dans les lits placés le long des murs, ils ne firent que soulever un instant leur corps sans chemise, nous regardèrent, crièrent : *Oigh! oigh!* du ton proportionné à leur âge et à leur sexe, et se rendormirent, je crois, avant que les lames fussent remises dans le fourreau.

Cependant notre hôtesse ne perdit pas de temps pour nous préparer des alimens, et, à mon grand étonnement, elle nous servit un peu après un plat de venaison apprêté dans le poêle à frire de manière à satisfaire sinon

---

(1) Luckie. Voyez sur ce mot une note de *Waverley*. — ÉD.

des épicuriens, au moins des estomacs affamés. En attendant, on plaça l'eau-de-vie sur la table, et nos montagnards, malgré leur partialité pour l'*usquebaugh*, la fêtèrent convenablement. L'habitant des Lowlands, quand le verre eut fait la ronde une première fois, parut désirer de connaître notre profession et le motif de notre voyage.

— Nous sommes des citoyens de Glascow, dit le bailli d'un air d'humilité; nous nous rendons à Stirling pour y toucher quelque peu d'argent qui nous est dû.

Je fus assez sot, mon cher Tresham, pour me trouver humilié du compte que rendait M. Jarvie de notre prétendue situation; mais je me souvins que je lui avais promis de garder le silence et de le laisser conduire nos affaires comme il le jugerait à propos. Et de bonne foi, c'était bien le moins que je pusse faire pour un homme de son âge, qui, pour me rendre service, avait entrepris un voyage long, pénible, voyage qui, comme vous venez de le voir, n'était pas sans danger.

— Vous autres gens de Glascow, répondit son interlocuteur d'un air de dérision, vous ne faites que parcourir l'Écosse d'un bout à l'autre pour tourmenter de pauvres gens qui peuvent se trouver un peu en retard, comme moi.

— Si nos débiteurs vous ressemblaient, Garschattachin, en conscience, ils nous épargneraient cette peine, car je suis sûr qu'ils viendraient nous apporter eux-mêmes ce qu'ils nous doivent.

— Comment! vous savez mon nom! vous me connaissez!... Eh mais;... eh oui! Je ne me trompe pas. C'est mon ancien ami Nicol Jarvie, le plus brave homme qui ait jamais compté des couronnes sur une table, et qui en a prêté à plus d'un gentilhomme dans l'embarras. Et veniez-vous chez moi, par hasard? Alliez-vous passer le mont Endrick pour vous rendre à Garschattachin?

— Non, en vérité. Non, M. Galbraith, j'ai d'autres œufs à cuire..... Je sais bien que nous avons un petit compte à régler pour la rente que vous me.....

— Au diable le compte et la rente! je ne songe pas aux affaires quand j'ai le plaisir de revoir un ami..... Mais comme un *trot-cosey* et un *joseph* (1) changent un homme!.... N'avoir pas reconnu mon ancien ami le diacre!

— Dites le bailli, s'il vous plaît. Mais je sais ce qui vous trompe : c'est feu mon père, de digne mémoire, qui était diacre; il se nommait Nicol, comme moi. Je ne me souviens pas que vous m'ayez payé les arrérages de la rente depuis son décès, et c'est là sans doute ce qui cause votre erreur.

— Eh bien, que le diable emporte l'erreur avec les arrérages reprit Galbraith!.... Je suis enchanté que vous soyez bailli. Messieurs, attention! je porte la santé de mon excellent ami, du bailli Nicol Jarvie. Il y a vingt ans que je le connais ainsi que son père. Eh bien, avez-vous bu? Allons, une autre santé. Je bois à la prochaine nomination de Nicol Jarvie à la place de prévôt de Glascow. Entendez-vous? Je porte la santé du lord prévôt Nicol Jarvie. Et si quelqu'un me dit qu'il trouve dans toute la ville de Glascow un seul homme plus en état de remplir cette place, c'est à moi qu'il aura affaire;

(1) Un *trot-cosey* est une espèce de grand collet de drap de laine ; un *joseph* est une redingote de voyage, et quelquefois une *amazone* pour les dames qui montent à cheval. — Éd.

à moi Duncan Galbraith de Garschattachin, et voilà tout. Et en parlant ainsi il enfonça son chapeau de côté sur sa tête, d'un air de bravade.

L'eau-de-vie qu'il s'agissait de boire était probablement ce qui plaisait davantage aux deux Highlanders dans les santés qu'on venait de porter. Ils commencèrent une conversation dans leur langue avec M. Galbraith, qui la parlait couramment, son habitation étant voisine des Highlands.

— Je l'ai parfaitement reconnu en entrant, me dit tout bas M. Jarvie; mais dans le premier moment je ne savais pas trop comment il voudrait s'y prendre pour payer ses dettes : il se passera encore du temps avant qu'il le fasse sans y être forcé. Mais au fond c'est un brave homme, qui a un bon cœur. Il ne vient pas souvent au marché de Glascow, mais il m'envoie de temps en temps un daim avec des coqs de bruyères, et au bout du compte je puis me passer de cet argent. Mon père le diacre avait beaucoup d'égards pour la famille Galbraith.

Le souper étant prêt, je ne pensais alors qu'à André, mais personne n'avait vu ce fidèle et vaillant serviteur depuis son départ précipité. L'hôtesse me dit pourtant qu'elle croyait qu'il était dans l'écurie, mais qu'elle et ses enfans l'avaient appelé inutilement, sans en pouvoir obtenir de réponse. Elle m'offrit de m'éclairer si je voulais y aller, me disant que pour elle, elle ne se souciait pas d'y aller à une pareille heure. Elle était seule, et on savait bien comment le brownie de Ben-Ey-Gask avait égaré la bonne femme d'Ardnagowan (1). Son

(1) Tradition populaire sur un lutin domestique de la famille du joli Trilby de Charles Nodier, mais moins amoureux que malicieux.
ÉD.

écurie passait pour être hantée par un brownie, et c'est ce qui faisait qu'elle n'avait jamais pu conserver un garçon d'écurie.

Cependant elle prit une torche et me conduisit vers la misérable hutte sous laquelle nos pauvres chevaux se régalaient d'un foin dont chaque brin était plus dur que le tuyau d'une plume. Mais elle me prouva bientôt qu'elle avait eu, pour me faire quitter la compagnie, un autre motif qu'elle n'avait pas voulu faire connaître.

— Lisez ceci, me dit-elle en arrivant à la porte de l'écurie et me mettant en mains un morceau de papier plié. Dieu soit loué! m'en voilà débarrassée! Ce que c'est pourtant que de vivre entre des soldats et des Saxons, entre des caterans et des voleurs de bestiaux! Une honnête femme vivrait plus tranquille dans l'enfer qu'aux frontières des Highlands.

En parlant ainsi, elle me remit sa torche et rentra dans la maison.

FIN DU TOME SECOND.

ŒUVRES COMPLÈTES
DE
SIR WALTER SCOTT.

Cette édition sera précédée d'une notice historique et littéraire sur l'auteur et ses écrits. Elle formera soixante-douze volumes in-dix-huit, imprimés en caractères neufs de la fonderie de Firmin Didot, sur papier jésus vélin superfin satiné; ornés de 72 *gravures en taille-douce* d'après les dessins d'Alex. Desenne; de 72 *vues* ou *vignettes* d'après les dessins de Finden, Heath, Westall, Alfred et Tony Johannot, etc., exécutées par les meilleurs artistes français et anglais; de 30 *cartes géographiques* destinées spécialement à chaque ouvrage; d'une *carte générale de l'Écosse*, et d'un *fac-simile* d'une lettre de Sir Walter Scott, adressée à M. Defauconpret, traducteur de ses œuvres.

CONDITIONS DE LA SOUSCRIPTION.

Les 72 volumes in-18 paraîtront par livraisons de 3 volumes de mois en mois; chaque volume sera orné d'une *gravure en taille-douce* et d'un titre gravé, avec une *vue* ou *vignette*, et chaque livraison sera accompagnée d'une ou deux *cartes géographiques*.

Les *planches* seront réunies en un cahier séparé formant *atlas*.

Le prix de la livraison, pour les souscripteurs, est de 12 fr. et de 25 fr. avec les gravures avant la lettre.

Depuis la publication de la 3ᵉ livraison, les prix sont portés à 15 fr. et à 30 fr.

ON NE PAIE RIEN D'AVANCE.

Pour être souscripteur il suffit de se faire inscrire à Paris

Chez les Éditeurs:

A. SAUTELET ET Cᵒ,
LIBRAIRES,
Place de la Bourse.

CHARLES GOSSELIN, LIBRAIRE
DE S. A. R. M. LE DUC DE BORDEAUX,
Rue St.-Germain-des-Prés, n. 9.

www.ingramcontent.com/pod-product-compliance
Lightning Source LLC
Chambersburg PA
CBHW071931160426
43198CB00011B/1352